PALAZZOREALE

GIORGIO ARMANI

 MONDADORI

da Monet *a* Picasso

CAPOLAVORI IMPRESSIONISTI E POSTIMPRESSIONISTI
DAL MUSEO PUŠKIN DI MOSCA

a cura di
Marina Bessonova

Electa

In copertina
Henri Matisse, *Nasturzi. La danza*, 1912

La mostra è posta sotto
l'Alto Patronato
del Ministero per la Cultura
della Federazione Russa
e del Ministero per i Beni
Culturali e Ambientali
della Repubblica Italiana

**Da Monet a Picasso
Capolavori impressionisti
e postimpressionisti
dal Museo Puškin di Mosca**

Milano, Palazzo Reale

COMUNE DI MILANO
CULTURA E SPETTACOLO

ⴱPALAZZOREALE

Assessore
Philippe Daverio

Consulente alla Programmazione
Massimo Negri

*Direttore del Settore Cultura
e Spettacolo*
Giuliano Lombardo

Direttore di Palazzo Reale
Paolo Biscottini

Organizzazione
Domenico Piraina

Segreteria
Antonella Cantatore
Laura De Luca
Daniela Radaelli
Giulia Sonnante
Luisa Criscitelli
Enrica Pedroni
Cristina Steffanoni

Pubbliche Relazioni
Pietro Sergio Mauri

Segreteria Pubbliche Relazioni
Paola Finotti
Mariella Gemelli
Davide Majorino
Giovanni Nahmias

Assistenza tecnica
Andrea La Boccetta
Luciano Madeo
Carmelo Puglisi
Graziano Soldati

Custodia
Corpo di guardia di Palazzo Reale

Sezione didattica a cura di
Comune di Milano
Settore Educazione
Ufficio Scuola Ambiente

Ideazione
Teatro Laboratorio di Figure

Progetto dell'allestimento
DAP Studio

Grafica
Studio Soi

Luci
Lucilla Baroni

Allestimento
Benfenati

*Progetto espositivo,
direzione dei lavori*
Cesare Mari, Panstudio
Architetti Associati, Bologna

Allestimento
Tosetto srl, Venezia

Illuminazione a fibre ottiche
CIE Fibre Ottiche, Falconara

Trasporti
Rumbo srl, Spedizioni d'arte,
Roma

Assicurazioni
Assicurazioni Generali spa

Caffè Palazzo Reale, catering
AFM Catering srl, Assago

Merchandising
Agorart, Electa

Fotografie
Sergio Anelli, Milano

Ufficio stampa
Electa, Milano

In un'epoca in cui si parla molto del fenomeno impressionista e dei suoi sviluppi, questa mostra può servire a offrire elementi di chiarezza utili a ripercorrere, con opere di altissimo livello artistico, il percorso che all'inizio degli anni settanta segna un cammino di grande rinnovamento per tutta l'arte occidentale dell'Ottocento, fino alle significative intuizioni di Cézanne ed alle conseguenti riflessioni di Picasso e di altri artisti all'inizio del ventesimo secolo. Da Monet a Picasso significa, infatti, presentare opere che per cronologia e sviluppo artistico collocano l'Impressionismo in una prospettiva storica e culturale molto ampia. Appare infatti chiaro in questa rassegna che l'impression è solo il punto d'avvio di una nuova percezione della natura verso nuove vie di conoscenza della stessa. E il problema della conoscenza, presupposto fondamentale di tutta l'arte occidentale dal Rinascimento alle Avanguardie, innesca, in questi anni, un inarrestabile processo di rinnovamento, fino alla concezione totalmente moderna dell'opera come conoscenza in sé. Ma è implicita in questa tensione conoscitiva il suo stesso superamento nella liberazione di una forza immaginativa e fantastica che, muovendo dal reale, lo supera prospettando in termini quasi visionari la bellezza del movimento e del colore che, come in Matisse, tocca il tema dell'armonia dell'universo in una intuizione sintetica del tutto. Milano è grata al Museo Puškin di Mosca per averle offerto la possibilità grandiosa di poter ospitare a Palazzo Reale una delle sue sezioni più suggestive, testimonianza di un'epoca affascinante dell'arte e del collezionismo russo più colto ed illuminato.

Philippe Daverio
Assessore alla Cultura

Dal Museo di Stato di arti figurative Puškin arrivano a Milano sessanta dipinti e venticinque opere grafiche di pittori francesi dell'ultimo Ottocento e del primo Novecento: opere di impressionisti, postimpressionisti e di artisti come Léger e Matisse che annunciarono l'avvento della pittura moderna.

Al Museo Puškin, che conserva oltre cinquecentomila oggetti di tutte le culture, dall'antichità ai giorni nostri (sculture, pitture, arti grafiche e arti applicate, monete, suppellettili), il posto di primo piano spetta alla Galleria dei dipinti, che comprende icone bizantine, opere di Botticelli, di Tiepolo, Rembrandt, Rubens, Poussin, Watteau, Cranach, Zurbàran, Constable, Corot, e altri maestri occidentali. Eppure non è esagerato affermare che la sezione della Galleria più amata e frequentata dai visitatori del Museo è quella degli impressionisti francesi e dei loro seguaci, a conferma della preferenza del grande pubblico che, dal Giappone alle Americhe, è unito nell'ammirazione per questa pittura affascinante, solare e gioiosa. E la collezione moscovita è senza dubbio fra le migliori del mondo.

La sorte di questa raccolta straordinaria è legata indissolubilmente agli eventi drammatici, storici e culturali, della Russia a cavallo tra il secolo scorso e il nostro. Artefici ne furono Sergej Šukin e Ivan Morozov, entrambi provenienti da famiglie di ricchi industriali, entrambi quasi contemporaneamente, alla fine del secolo scorso, iniziarono ad acquistare opere di pittori che all'epoca non erano considerati "degne di un museo" e che non costituivano certo quel che si dice "un investimento sicuro".

A questo proposito è importante ricordare che Šukin e Morozov erano moscoviti, particolare di non poco conto se si pensa che soltanto da Mosca provenivano collezionisti perspicaci e di tendenze radicali, disposti a correre rischi. Sergej Djagilev scriveva nel 1903: "Le collezioni e i collezionisti sono estremamente rari in Russia. Negli ultimi anni però sono comparsi, nell'ambiente della borghesia illuminata di Mosca, dei veri intenditori d'arte e, per quanto strano possa sembrare a prima vista, intenditori d'arte moderna, anzi ultramoderna". Per Djagilev costoro costituivano un mondo "inseparabile e molto vivo della vita moscovita, stravagante e spontaneo, caratteristico ed evidente".

Mosca non soltanto diede impulsi a un tale collezionismo, ma formò molto presto anche un pubblico capace di apprezzare l'arte moderna. Ecco la testimonianza di una pittrice di Mosca che, agli inizi del secolo, ebbe l'occasione di vedere la collezione di Sergej Šukin nel suo palazzo: "il mio sguardo sostava con gioia sui quadri appesi alle pareti e il cuore mi palpitava come di fronte a una verità rivelata... A visita terminata ero in preda a una specie di febbre". A partire dal 1909, da quando Šukin aveva aperto al pubblico la sua collezione, diversi esponenti dell'avanguardia artistica russa andarono a casa sua per vederla: Malkovskij, David Burliuk, Malevič, Tatlin, Gonçarova.

Vien da chiedersi come mai proprio in Russia, dove la pittura era tradizionalmente improntata a un realismo spiccatamente sociale (da non confondersi con il cosiddetto "realismo socialista"!), si manifestò un interesse tanto vivo per quanto di nuovo e di spregiudicato era nella pittura occidentale. La risposta non può essere semplice, ma una cosa appare chiara: il desiderio prepotente di rinnovare l'esistenza umana, di trasformarla, rinunciando ai princìpi superati, penetrava in tutti gli ambiti della cultura russa prerivoluzionaria. Il brillante stuolo di scrittori, poeti, compositori, pittori, diversi tra loro per età ed estrazione sociale (Tolstoj e Gorki, Blok e Majakowskij, Skriabin e Prokof'ev, Kandinskij e Chagall) avvertiva l'avvicinarsi del "terremoto" della modernità e davvero "i cuori palpitavano come di fronte a una verità rivelata": ognuno di loro ne aveva preparato l'avvento e ne era parte, così come i nostri due collezionisti, così come tanti altri che non si rendevano conto da dove veniva e dove li avrebbe portati la loro passione, e basta citare Savva Morozov, amico di Gorki, grande industriale, tra i maggiori mecenati russi, che stanziava forti somme al movimento rivoluzionario.

Ma torniamo a Sergej Šukin e a Ivan

Morozov, che mostrarono di essere, nelle loro scelte, intenditori tra i più sensibili, e non solo in Russia: nel 1897, quando Šukin faceva i primi acquisti per la sua raccolta, il Louvre di Parigi aveva rifiutato una collezione di impressionisti offerta in dono. Dal 1908 al 1914 Šukin fu il maggiore acquirente dei quadri di Picasso, mentre Morozov comprava dipinti di Chagall, allora completamente sconosciuto.

Anche i rivoluzionari russi apprezzarono l'arte innovativa degli impressionisti, tanto che nel 1918 Lenin emanò dei decreti sulla nazionalizzazione delle collezioni di Šukin e di Morozov: per quanto riguardava la collezione del primo, si diceva, tra l'altro: "La galleria di Šukin, raccolta eccezionale di opere occidentali, per lo più francesi della fine del XIX secolo e dell'inizio del XX, ha, per il suo altissimo significato artistico, un'importanza panstatale per la causa dell'istruzione popolare"; e i rispettivi palazzi dei collezionisti furono aperti al pubblico con l'invito ai proprietari di restarne conservatori.

Nel 1923 le due collezioni si videro riunite in un unico Museo di Stato di pittura moderna occidentale, esistito come tale fino all'inizio della seconda guerra mondiale e non più riaperto alla sua conclusione: se occorrono esempi dei crimini culturali commessi dal regime stalinista, quello della sorte del Museo della pittura moderna occidentale è più che eloquente: uno dei massimi musei del mondo, gioiello di Mosca, cessò

di esistere nel 1948 e le sue collezioni vennero spartite tra l'Ermitage di San Pietroburgo e il Puškin di Mosca, per essere custodite dai curatori in attesa di poter essere ripresentate al pubblico. Sono vari i vincoli che nel XX secolo hanno legato il Puškin alle famiglie Šukin e Morozov: già negli anni venti il Museo aggiunse al suo patrimonio alcuni dipinti bellissimi provenienti dalle collezioni nazionalizzate di Dimitrij e di Pëtr Šukin, fratelli del grande Sergej; il primo aveva collezionato pittura olandese e i maestri francesi del XVIII secolo, l'altro, come Sergej, era attratto dagli impressionisti, mentre Michail Morozov (fratello di Ivan) prima della rivoluzione aveva dato un notevole contributo finanziario alla costruzione del Museo, e poi dalla sua collezione vennero acquisiti alcuni dipinti, tra cui opere di Manet, Van Gogh, Toulouse-Lautrec.

Ora il Museo Puškin presenta una selezione di capolavori impressionisti francesi a Milano, centro culturale che conserva capolavori di maestri italiani: Cristo morto del Mantegna, tra i capolavori della pittura di tutti i tempi la Pietà Rondanini di Michelangelo, il Cenacolo di Leonardo. Abbiamo pertanto accettato l'invito di portare nella capitale lombarda il mondo del Ritratto di Jeanne Samary di Renoir, delle Pesche e pere di Cézanne, della Regina Isabeau di Picasso. Mi auguro che saremo accolti con entusiasmo dal pubblico italiano.

Il Museo Puškin esprime la più sentita gratitudine all'Assessorato alla Cultura del Comune di Milano, alla Direzione di Palazzo Reale, e al Ministero della Cultura della Russia per l'assistenza prestata nell'allestimento della mostra e nella presentazione del suo catalogo. Un ringraziamento particolare al Ministero dei Beni Culturali italiano il cui patrocinio abbiamo grandemente apprezzato.

Irina Antonova
Direttore del Museo Puškin

Mi piace pensare che questa mostra straordinaria, oltre al valore intrinseco e altissimo, abbia il valore aggiunto di rappresentare l'inizio del risveglio della Milano culturale. Mi piace immaginare che in oltre quattro mesi di apertura, questo evento rappresenterà la calamita che attira a Milano centinaia di migliaia di persone di ogni età e nazionalità: sono certo che le lunghe file di visitatori che siamo usi vedere davanti al Grand Palais e al Beaubourg a Parigi o a Palazzo Grassi a Venezia, questa volta gremiranno la piazza antistante Palazzo Reale a Milano. Perché so e vedo quale sia l'attesa e la partecipazione della gente nei confronti di tutto ciò che può arricchire la conoscenza o l'approfondimento del proprio patrimonio culturale.

Ma, nella mia decisione di aderire come sponsor al progetto di una mostra tanto importante, ha giocato – oltre all'amore e alla fiducia per la mia città – anche l'orgoglio personale di accreditare della moda – settore nel quale lavoro – la parte meno conosciuta, quella cioè fatta di persone che hanno a cuore l'impegno civile e lo sviluppo culturale del proprio paese.

Giorgio Armani

Dal 15 febbraio i milanesi e i numerosi visitatori che affluiranno in città per l'occasione, potranno ammirare alcune delle opere più belle della pittura francese dell'ultimo Ottocento e del primo Novecento, riunite nella mostra antologica *Da Monet a Picasso. Capolavori impressionisti e postimpressionisti dal Museo Puškin di Mosca.*

La singolarità di questa mostra è che tutti i dipinti esposti al Palazzo Reale di Milano non provengono dalle collezioni universalmente conosciute ma da due raccolte private che per molti anni sono state pressoché precluse non solo agli occidentali ma agli stessi russi.

Per la prima volta dopo quasi un secolo, i capolavori di Monet, Manet, Cézanne, Toulouse-Lautrec, Degas, Van Gogh, Gauguin, Renoir, Matisse, Braque, Picasso, che per una straordinaria intuizione Sergej Šukin e di Ivan Morozov acquistarono e portarono a Mosca quando i loro artefici erano ancora poco conosciuti, fanno il percorso inverso e tornano in Occidente.

È un evento raro di cui ho avuto l'onore di seguire la lunga fase di gestazione fin dal primo fortunato incontro con Irina Antonova, direttrice del Museo Puškin, e dall'idea di portare a Milano i preziosi quadri impressionisti e postimpressionisti esposti nel museo. Spesso ho temuto che le oggettive difficoltà da superare finissero per far naufragare questo progetto così affascinante. Ora la mostra è finalmente realizzata.

E anche questo catalogo che ne sarà la testimonianza. Chi come me coltiva la passione per i libri e per l'arte, può capire con quanta trepidazione ho vissuto questa esperienza. E con quanta gioia ora accolga l'apertura di questa mostra che consentirà a tante persone di condividere le emozioni che ho provato quando ho potuto ammirare per la prima volta da vicino i capolavori conservati a Mosca.

Ringrazio tutti coloro che hanno reso possibile che tutto ciò avvenga. Un ringraziamento particolare va ad Irina Antonova, al Ministero della Cultura della Federazione Russa, all'Assessorato alla Cultura del Comune di Milano, alla Direzione di Palazzo Reale, al Ministero per i Beni Culturali e Ambientali e a Giorgio Armani che con grande sensibilità ha voluto condividere con noi questa iniziativa.

Per quattro mesi Milano, prima città al mondo ad ospitare la collezione del Museo Puškin, attrarrà l'attenzione internazionale.

L'augurio è che questo avvenimento non resti un episodio ma sia il preludio di una nuova fase di vitalità culturale della città.

Leonardo Mondadori

Sommario

Storia di una collezione di pittura francese fra il XIX e il XX secolo: gli Šukin e i Morozov

Evgenija Georgevskaja

La collezione di pittura francese della seconda metà del XIX secolo e degli inizi del XX (300 opere circa) di cui dispone il Museo Puškin di Mosca è particolarmente completa, varia e assolutamente eccezionale per qualità, e ciò le ha fruttato da tempo una notorietà meritata. Pochissimi sono i grandi musei del mondo – Louvre, Musée d'Orsay, Museo d'arte moderna di Parigi, Ermitage di San Pietroburgo o Metropolitan Museum di New York – che possono vantare collezioni simili. La collezione moscovita è singolare in quanto comprende tutte le tendenze artistiche esistenti o in fase di formazione nella Francia della seconda metà del XIX e dell'inizio del XX secolo: realismo, impressionismo, simbolismo, fauvismo, intimismo, cubismo, costruttivismo; ciascuna di queste correnti è rappresentata dai suoi maggiori esponenti, passati per sempre alla storia della cultura francese e mondiale, basti citare Manet, Monet, Renoir, Degas, Pissarro, Sisley, Van Gogh, Gauguin, Cézanne, Rousseau, Puvis de Chavannes, Bonnard, Denis, Signac, Matisse, Marquet, Picasso, Derain, Léger. Due di questi artisti affondano le loro radici in culture diverse: Van Gogh in quella olandese e Picasso in quella spagnola, ma i loro legami con la Francia e il loro ruolo nell'arte francese sono stati talmente importanti da renderne impossibile l'esclusione dalla storia dell'arte francese dell'epoca.

Più di una generazione di collezionisti, studiosi e amici del museo ha dato il proprio contributo entusiastico alla formazione di questa collezione: dalla fine del secolo scorso fino al 1917, furono più che altro collezionisti-mecenati e artisti; dopo la rivoluzione, invece, lo stato profuse grande impegno nella formazione delle collezioni museali attingendo a raccolte private. Così i capolavori francesi del XIX-XX secolo del Museo Puškin provengono prevalentemente dalle collezioni moscovite di Sergej Šukin e di Ivan Morozov, sul conto dei quali esiste già una letteratura abbondante[1].

Nel 1993 a Essen, a Mosca e a San Pietroburgo si è tenuta la mostra, *Morozov e Šukin, collezionisti russi. Da Monet a Picasso*, in cui con raro splendore e grande rilievo sono state presentate sia le figure dei due collezionisti russi sia i capolavori delle loro raccolte[2]. La fama dei due grandi collezionisti e mecenati russi non va diminuendo, né l'interesse per le loro straordinarie collezioni. Il passare degli anni ha portato dati e documenti inediti, tuttavia siamo ben lontani dal poter mettere il punto finale. Ma chi erano e da dove sono venuti gli Šukin e i Morozov?

Gli Šukin

Gli Šukin, vecchia famiglia di mercanti, si stabilirono a Mosca nella seconda metà del XVIII secolo, trasferendosi da Borovsk, una piccola città della provincia di Kaluga, nella Russia centrale. Avevano un prospero commercio di stoffe e di filati e nel 1878 Ivan Vasil'evič Šukin, padre dei futuri collezionisti, fondò a Mosca la società commerciale "I.V. Šukin e figli"; poco prima aveva sposato Ekaterina Botkin, figlia di Pëtr Botkin, ricco mercante di tè e di zucchero. In seguito a questo e ad altri matrimoni fra gli Šukin e i Botkin, questi due casati di mercanti, molto noti a Mosca, si videro legati da vincoli di parentela e di amicizia con le famiglie dei commercianti più dinamici dell'epoca: i Tret'jakov, i Mamontov, Il'ja Ostruchov (che era anche un buon paesaggista e collezionista di icone).

Ivan Šukin aveva undici figli, sette maschi e quattro femmine[3]: quasi tutti i fratelli Šukin erano appassionati collezionisti d'arte, stimolati dall'ambiente in cui erano cresciuti: il padre Ivan Vasil'evič aveva provveduto a dare loro un'ottima istruzione. Soprattutto ai figli maschi, che dovevano ereditare il patrimonio paterno delle fabbriche e dei negozi. I giovani Šukin, che avevano studiato in Russia e all'estero, conoscevano bene sia i maggiori musei europei, statali e privati, sia le collezioni d'arte moscovite di Dimitrij Botkin, di Kozma Soldatenkov, di Il'ja Ostruchov, di Pavel e Sergej Tret'jakov. È noto che l'idea di aprire a Mosca una galleria di quadri di pittori russi e stranieri era stata avanzata da Pavel Tret'jakov già nei primi anni sessanta del XIX secolo[4].

Pavel Tret'jakov, a parte alcuni iniziali e casuali acquisti di dipinti stranieri, concentrò i propri sforzi nella raccolta di opere di pittori russi. Il suo esempio, come più tardi la fama della sua galleria, donata nel 1892 alla città di Mosca, fu di grande impatto sulle giovani generazioni dei collezionisti russi. Stimolato dal fra-

Museo di Pëtr Šukin a Mosca
(foto K. A. Fischer, 1906)

La casa di Sergej Šukin a Mosca
(foto Orlov, 1913)

tello Pavel, Sergej Tret'jakov si mise a collezionare invece opere di pittori stranieri. Il figlio maggiore di Ivan Šukin, Nikolaj, collezionò per un certo tempo argenteria e dipinti, ma poi smise. Il secondogenito, Pëtr, dopo un tirocinio a Berlino si trasferì in Francia, a Lione, per studiare l'impostazione delle locali industrie tessili e proprio in Francia egli si appassionò al collezionismo d'arte, mettendo insieme una buona raccolta di impressionisti e di altri pittori contemporanei, il vero gioiello della quale era rappresentato da un *Nudo femminile* di Auguste Renoir, passato più tardi alla collezione di suo fratello Sergej[5].

Pëtr Šukin fece costruire a Mosca un apposito museo per la sua collezione (inaugurato nel 1892), divenuta nel 1905 proprietà del Museo di Storia. Egli lasciò memorie interessanti[6] e una descrizione completa della propria collezione[7].

Suo fratello Dimitrij era invece un collezionista appassionato degli antichi maestri occidentali, di oggetti dell'arte applicata, di orologi d'antiquariato e simili. Dopo aver studiato al prestigioso ginnasio Polivanov di Mosca[8], Dimitrij si recò a continuare gli studi a Dresda, dove nel 1876 si laureò in un locale istituto commerciale. Stabilitosi a Mosca, cominciò a comprare opere di pittori olandesi, italiani, tedeschi e francesi, recandosi spesso in Europa proprio a questo scopo[9]. Nella sua collezione vi erano opere di Avercamp, Van Goyen, Cranach, Guardi, Boucher, Robert, molte delle quali si trovano attualmente al Museo Puškin[10].

Alquanto diversa fu la sorte di Ivan Šukin. Terminato il liceo studiò alla facoltà di lettere e di storia dell'Università di Mosca prendendo la laurea nel 1892. Un anno dopo si stabilì a Parigi, dove scrisse per quotidiani e periodici, spesso con il nome d'arte di Jean Brochet[11], frequentò il Louvre, in particolare la collezione di antichità orientali, scrisse alcuni saggi e sostenne una tesi alla Sorbona[12]. A Parigi acquistò opere di Degas, Forain, Rops. La sua casa parigina fu luogo d'incontro per intellettuali russi e francesi e, fra questi ultimi, il noto collezionista di pittura moderna francese, Durand-Ruel[13], la cui amicizia si rivelò per lui molto importante: tramite Ivan, i suoi fratelli maggiori, Pëtr e Sergej, cominciarono ad acquistare da Durand-Ruel opere di impressionisti francesi. Quanto a Ivan Šukin, dopo aver messo assieme una collezione di antichi maestri, s'innamorò della pittura spagnola, da El Greco al contemporaneo Ignacio Zuloaga, di cui diventò amico, ma problemi economici lo costrinsero a vendere la sua collezione[14].

Fu invece Sergej Šukin a raccogliere una rappresentativa particolarmente completa ed eccezionale di pittura moderna francese. Dopo alcuni anni di soggiorno in Germania (dal 1873), per studi e cure mediche, egli tornò a Mosca e sposò Lidia Grigor'evna Koreneva, figlia di ricchi proprietari terrieri. Nel 1886, dopo la nascita del primogenito Ivan, la giovane coppia ricevette in regalo da Šukin senior un palazzo a Mosca che più tardi avrebbe ospitato la famosa collezione di Sergej.

Sergej Šukin comprava opere di pittori francesi dalla fine degli anni novanta e possedeva già alcuni dipinti dei realisti di fine secolo quando un amico russo che soggiornava a Parigi[15] richiamò la sua attenzione sulle opere di Monet esposte alla galleria Durand-Ruel. Fra i primi acquisti fatti presso il noto "marchand" parigino vi erano i quadri di Claude Monet *Lillà nel sole* e *Scogli a Belle-Ile*, comprati nel 1897-1898 e ai quali seguì una serie di altri dipinti dello stesso artista (di cui molti sono attualmente al Museo Puškin). Basta citare *La colazione sull'erba*, *Scogliere di Etretat*, due tele della serie delle vedute della cattedrale di Rouen (*Cattedrale di Rouen al tramonto*, *Cattedrale di Rouen di sera*), *Ninfee bianche*, *Vétheuil* e infine *Gabbiani. Il Tamigi a Londra. Il palazzo del Parlamento*, tutte opere che danno un'idea abbastanza completa dell'evoluzione artistica di Monet. Rappresentativa era anche la presenza di altri impressionisti e di pittori a loro vicini: si pensi a opere come *Avenue de l'Opéra* di Pissarro, *Nudo femminile* di Renoir, *Danzatrici azzurre* di Degas. Fra le tele di Cézanne della collezione Šukin spiccavano un *Mont Sainte-Victoire* del periodo tardo e *Pierrot e Arlecchino*. La collezione di Sergej Šukin, stando a un'osservazione azzeccata di Boris Ternovietz (scultore e storico dell'arte, direttore per anni del Museo di Stato di arte occidentale moderna) è la "storia delle sue passioni". Infatti, Sergej, per tanti anni ammiratore appassionato di Gauguin, acquistò sedici quadri del maestro

Salone di Claude Monet e degli impressionisti nella casa di Sergej Šukin

Salone di Henri Matisse (salone rosa) nella casa di Sergej Šukin (foto Orlov, 1913)

Studio privato nella casa di Sergej Šukin (salone di Picasso), 1913

Salone con opere di Renoir, Puvis de Chavannes, e altri nel palazzo di Sergej Šukin, 1913

Henri Matisse. *Ritratto di Sergej Šukin*, 1912
Sergej Šukin

francese fra cui capolavori come *Il suo nome è Vaimati*, *Aha oe feii (Sei gelosa?)* e altri. La collezione di Šukin era largamente nota negli ambienti culturali moscoviti dell'epoca. Già nel 1908 uscì, a opera di P.P. Muratov[16], una prima descrizione sistematica della sua galleria che contribuì ad aumentarne il successo. Pochi anni più tardi, nel 1911, il pittore russo Michail Nesterov scriveva a un amico: "Sergej Šukin sta comprando i 'decandenti' francesi, da Puvis de Chavannes, Monet, Manet, Degas, Marquet, Denis, Cézanne, Matisse, Sisley e Pissarro". E più avanti: "Šukin possiede il miglior Gauguin. Ne ha per diverse migliaia di franchi (per il suo ultimo acquisto ha pagato centomila franchi)"[17]. Ma oggetto di passione particolare di Sergej Šukin erano Matisse e Picasso le cui opere, numerose e varie, costituirono appunto il nucleo centrale della sua collezione. Ben trentasette Matisse e oltre cinquanta Picasso non hanno bisogno di commenti: basta la quantità davvero impressionante, ma anche la qualità eccezionale. "Ho visto tante opere di Matisse, alle mostre parigine e nel suo studio, ma il vero Matisse l'ho conosciuto soltanto a Mosca, alla galleria Šukin", scriveva il noto storico dell'arte, Jakov Tugendhold[18]. Ricorderemo a questo proposito che prima che Matisse creasse i pannelli per la fondazione Barnes negli Stati Uniti, la galleria Šukin a Mosca era l'unico posto al mondo dove si potessero ammirare esempi della produzione monumentale-decorativa del pittore, le famose *Danza* e *Musi-*

ca[19]. Šukin possedeva inoltre importanti opere di Matisse di piccolo formato: *Bois de Boulogne*, *Pesci rossi*, *Spagnola con tamburino*, *Lo studio del pittore*. Nel 1911 Matisse visitò Mosca e Pietroburgo[20], ospite di Šukin, con il quale mantenne uno stretto contatto anche in seguito, così come con Ivan Morozov. Matisse, secondo Boris Ternovietz, fu la passione più duratura di Sergej Šukin: nella sua casa moscovita le tele di Matisse erano esposte nel salone centrale secondo la disposizione decisa dallo stesso artista durante il suo soggiorno a Mosca nel 1911[21]. La vasta collezione šukiniana dei Picasso era costituita per lo più da opere del periodo cubista, oltre a dipinti del primo periodo. La gran parte dei Picasso acquistati da Šukin si trova attualmente all'Ermitage di San Pietroburgo, ma alcuni fanno parte della collezione del Museo Puškin, tra cui *Spagnola di Maiorca*, *Ritratto di Sabartés*, *Appuntamento*, *Vecchio ebreo con ragazzo*, nonché alcune opere cubiste, come *Casa nel giardino* e *La regina Isabeau*. Boris Ternovietz, ricordando i primi Picasso acquistati da Šukin, scriveva: "A partire dal 1909 circa Picasso comincia ad attirare l'attenzione del collezionista; sono memorabili i primi quadri di Picasso, appena arrivati a Mosca, e le spiegazioni di Sergej Ivanovič che prediceva al pittore un grande avvenire. Le sue previsioni si sono avverate"[22].
La collezione di Šukin era tale da consentire una conoscenza completa della pittura francese dagli inizi del XX secolo alla

prima guerra mondiale: oltre a una raccolta quanto mai ricca di Matisse e di Picasso, Šukin possedeva sette tele di Henri Rousseau, nove Marquet, sedici Derain e opere di Denis e di Signac.
Fra la fine del 1911 e l'inizio del 1912 il fratello di Sergej Šukin, Pëtr, volendo vendere una parte della propria collezione, gli chiese di farsi aiutare nei negoziati con alcuni "marchand" parigini. Ecco la risposta di Sergej in una lettera dall'Italia datata 6/19 maggio 1912: "Sarò a Parigi ai primi di luglio e parlerò senz'altro con Durand-Ruel, con i Bernstein, con Druet e altri a proposito della vendita dei tuoi quadri. D'altra parte mi dispiace moltissimo che opere così belle debbano abbandonare la Russia e perciò io, da parte mia, comprerei volentieri da te otto o dieci quadri e al prezzo giusto: sono disposto a prendere Degas, Renoir, i due Monet, Sisley, Pissarro, M. Denis, Cottet, Forain e Raffaëlli"[23]. E così alla svendita della collezione di Pëtr Šukin il meglio (gli impressionisti) fu acquistato dal fratello Sergej.
Un esperto di chiara fama come Alexander Benois fu fra i primi a esprimere apprezzamento sull'attività di Sergej Šukin: "La sua passione per il collezionismo non era un semplice capriccio ma un atto di coraggio, dal momento che egli, oltre agli attacchi che gli venivano da tutte le parti, doveva misurarsi con le proprie incertezze. Ma Šukin apparteneva a quel tipo di persone per cui i rimproveri degli altri e i propri dubbi sono non tanto scoraggianti quanto stimolanti. Da questa battaglia

con altri e con se stesso egli è sempre uscito vittorioso e pieno di coraggio rinnovato"[24]. All'inizio del secolo la galleria Šukin godeva di una grande notorietà fra esperti e pittori russi e stranieri, molti dei quali si recavano appositamente a Mosca per poterla visitare[25].

Pavel Muratov, autore della prima descrizione della galleria Šukin, affermava: "Secondo l'espressa volontà di Sergej Ivanovič Šukin, la collezione di pittura di sua proprietà è destinata a essere donata alla galleria Tret'jakov della città di Mosca per continuare e completare la raccolta di pittura straniera di Sergej Tret'jakov"[26]. Tre anni più tardi, nel 1911, fu Michail Nesterov a confermarlo: "Le due collezioni dei fratelli Šukin passeranno in dono alla città di Mosca"[27]. I fratelli Šukin si proponevano di donare a Mosca le proprie collezioni, seguendo probabilmente l'esempio dei fratelli Tret'jakov. Ne è la conferma la già citata lettera autografa di Sergej Šukin del 6/19 maggio 1912 spedita dall'Italia al fratello Pëtr: "Come sai, le mie collezioni sono un lascito per Mosca"[28]. Vari studiosi affermano con certezza che i due collezionisti – sia Sergej Šukin che Ivan Morozov – raccoglievano tesori d'arte col proposito di donarli alla città di Mosca. E i loro testamenti erano redatti in questo senso[29]. L'autore del libro *La Mosca dei mercanti*, P.A. Buryškin, che ebbe occasione di incontrare Sergej negli anni venti, cita un interessante giudizio di Šukin sulla sorte delle proprie collezioni: "Ho collezionato quadri non soltanto per il mio paese e

per il mio popolo ma vorrei che le mie collezioni rimanessero nella nostra terra, quale ne sia il destino[30].

È nota anche la data esatta del testamento di Sergej Šukin: "La notte fra il 3 e il 4 gennaio 1907 egli scrive un testamento secondo cui la sua collezione doveva passare alla città di Mosca e, più precisamente, alla galleria Tret'jakov"[31]: così la sorte della collezione fu decisa dal suo proprietario.

I Morozov

Alla fine del XVIII secolo il primo dei Morozov, Savva Vasil'evič fondò un setificio. Dopo cent'anni i figli di Savva erano proprietari di quattro stabilimenti tessili che fabbricavano tessuti di cotone[32]. I nipoti di Savva, Abram e David, controllavano la Compagnia della Manifattura di Tver', fondata nel 1859[33]. Abram Abramovič Morozov sposò Varvara Alekseevna Chludova, nota mecenate moscovita. Da questo matrimonio erano nati tre figli, due dei quali – Michail (1870-1903) e Ivan (1871-1921) – divennero non solo grandi industriali ma anche notevoli collezionisti d'arte. I fratelli Morozov si dedicarono al collezionismo contemporaneamente agli Šukin.

La passione per l'arte e per il collezionismo era maturata nei fratelli Morozov sotto l'influenza dell'ambiente culturale di Mosca e grazie alle loro doti artistiche innate (tutti e due, da giovani, scrivevano e dipingevano), mentre le grandi (per non dire illimitate) possibilità economiche della famiglia rendevano reale ogni

proposito dei Morozov. Per la formazione culturale dei fratelli importante fu poi il ruolo della madre, Varvara Alekseevna, donna colta e dinamica, esponente di primo piano della vita sociale di Mosca, nel salotto della quale, in via Vozdviženka, a pochi passi dal Cremlino, si riuniva regolarmente il meglio dell'intellighenzia moscovita con a capo Sergej Sobolevskij, professore di lettere e filologia, grande cultore di greco e di latino. La numerosa famiglia dei Morozov era molto nota a Mosca per le sue attività culturali. Fu Michail il primo dei fratelli a collezionare opere di pittori francesi, e successivamente trasmise questa sua passione anche al fratello minore Ivan. Michail Morozov, laureato alla facoltà di lettere e storia dell'università di Mosca, pubblicava saggi di storia con il nome d'arte di M. Juriev ed era appassionato di letteratura e di musica. Con il fratello Ivan studiò pittura da Ivan Martynov e dal giovane Konstantin Korovin. Stando alla testimonianza di Boris Ternovietz, i suoi gusti di allora subirono il forte influsso di R. Muter.

Verso l'inizio degli anni novanta, Michail Morozov era un uomo culturalmente maturo e bene introdotto negli ambienti artistici russi dell'epoca: oltre che col gruppo di pittori che si riuniva a casa sua, era in contatto permanente con Valentin Serov (il suo pittore preferito), Konstantin Korovin, Apollinar' Vasnecov, Il'ja Ostruchov, Vasilij Surikov, Michail Vrubel' dei quali acquistava regolarmente i quadri. Ospiti sempre graditi a casa sua

erano anche attori del teatro Malyj di Mosca (Michail Sadovskij), musicisti, cantanti (Fëdor Šaljapin)[34]. A partire dal 1891, dopo il matrimonio con Margarita Kirillovna Mamontova, famosa bellezza moscovita e ricca ereditiera, quasi tutti gli anni si recava con la moglie a Parigi. Va ricordato che Margarita, allieva del grande compositore e pianista Aleksandr Skrjabin, era membro della direzione della Società Musicale di Mosca e mostrava un vivo interesse per la filosofia e la cultura in genere.

Oltre alla Francia, Michail Morozov visitò Egitto, Inghilterra, Spagna, Italia, Germania. In Francia acquistò un Manet e un Van Gogh che diedero inizio alla prima collezione russa di pittori francesi moderni. Nel suo insieme però la collezione di Michail Morozov era piuttosto varia, comprendendo icone, opere di pittori russi dell'Ottocento e del primo Novecento (fra cui tele famose come *Regina cigno* di Vrubel', *Ritratto di Mika Morozov* e *Ritratto di Michail Abramovič Morozov* di Valentin Serov), dipinti di pittori contemporanei di scuole diverse (fra cui *Notte bianca* di Munch, ora al Museo Puškin) e, infine, quadri di pittori francesi, per lo più impressionisti e postimpressionisti, fra cui *Caffè* di Manet, *Campo di papaveri* di Monet, *Ritratto di Jeanne Samary* di Renoir, *Donna che si asciuga* di Degas, *Mare* di Van Gogh, *Famiglia di tahitiani. Piroga* di Gauguin, una *Yvette Guilbert* di Toulouse-Lautrec, *Madre e bambino* e *Incontro* di Denis, *Dietro lo steccato* di Bonnard, *Bacio materno* di

Carrière, tutte opere raccolte da Michail Morozov in un breve arco di tempo (si dice nel giro di cinque anni) ed esposte in un palazzo sul viale Smolenskij dove parecchi poterono ammirarle.

La morte prematura di Michail Morozov ne stroncò l'attività di collezionista. Nel 1910 la vedova Margarita (fedele, a quanto par di capire, alla volontà del marito) donò alla galleria cittadina Tret'jakov gran parte della sua collezione che, oltre ai dipinti di pittori russi, comprendeva tele di Manet, Van Gogh, Toulouse-Lautrec, passate successivamente al Museo Puškin.

La collezione di Ivan Morozov era ancora più ricca e varia di quella di suo fratello. I suoi primi acquisti importanti di pittori francesi risalgono al 1902-1903. Come suo fratello, Ivan Morozov era un uomo di grande cultura. Nel 1900 egli lasciò definitivamente Tver', dove aveva una prospera industria tessile, per stabilirsi a Mosca, da dove poteva mantenere stretti contatti con gli esponenti degli ambienti artistici russi, tutti amici di suo fratello, ma anche con i rappresentanti del mondo artistico e culturale francese. Fra questi ultimi egli predilesse gli impressionisti e i postimpressionisti. I suoi pittori preferiti erano Monet, Pissarro, Renoir, Sisley; più tardi apprezzò Van Gogh, Cézanne, Signac, Valtat, Bonnard. Secondo le testimonianze di chi lo conosceva bene, Ivan Morozov spendeva negli acquisti di dipinti francesi da 200 a 300 mila franchi all'anno.

Nel 1903 egli, primo fra i collezionisti,

comprò da Durand-Ruel un paesaggio di Sisley, ma l'inizio dei suoi acquisti massicci risale al 1907 quando, sempre da Durand-Ruel, egli comprò *Boulevard des Capucinnes* di Monet e, da Vollard, vari altri quadri fra cui due Cézanne, un Derain, un Vlaminck, sei Valtat. Nel 1908 egli acquistò da Vollard un Renoir e, da Bernheim-Junior, un Bonnard e, ancora da Vollard, il primo Picasso della sua collezione, *Famiglia di acrobati*.

Circostanza singolare: passati tre anni dall'acquisto del suo primo Picasso, Morozov non conosceva il nome di battesimo del pittore, né lo conosceva il galle-rista Vollard, al quale il collezionista russo aveva chiesto informazioni in proposito. Ecco la risposta di Vollard a Morozov nel giugno 1911[35]: "Soltanto oggi ho ricevuto la risposta alla sua richiesta. Il pittore in questione si chiama Pablo". Nel 1906, durante un suo soggiorno parigino, Ivan Morozov conosce Maurice Denis e da questi acquista *Bacco e Arianna* (ora all'Ermitage di San Pietroburgo). Gli commissiona anche un *Polifemo* (ora al Museo Puškin) come *pendant* del quadro precedente. Proprio nel 1906 cominciano gli stretti contatti del collezionista con Denis, al quale Morozov commissiona nel 1907 l'allestimento decorativo della sala per i concerti nella propria casa di via Prečistenka a Mosca[36]. Come noto, dopo aver decorato con i suoi pannelli la casa di Morozov, nell'autunno 1908, Denis gli suggerì di ordinare allo scultore Aristide Maillol statue da installare nella sala per i concerti, e nell'estate 1911 Mail-

Palazzo di Ivan Morozov
in via Prečistenka a Mosca
(attuale sede dell'Accademia
di belle arti della Russia)

lol eseguì in gesso le due prime statue, *Pomona* e *Flora*, apprezzate da Valentin Serov, mentre nel 1912 quattro statue dello scultore francese erano già collocate nella casa di Morozov[37]. Nel 1909 Ivan Morozov invitò Maurice Denis a recarsi a Mosca: quel soggiorno, e in particolare la conoscenza della collezione dell'ospite, furono per il pittore un'esperienza indimenticabile[38].

Nel frattempo Ivan Morozov diventava cliente abituale dei migliori galleristi parigini. A Parigi frequentava regolarmente esposizioni, studi di pittori e gallerie private e non si limitò più a semplici acquisti ma commissionò con preciso proposito opere per la sua casa e per la sua collezione. Ad aver incoraggiato le scelte e gli accresciuti acquisti di Morozov dovette essere stata senza dubbio la sua partecipazione alla famosa mostra sull'arte russa, tenuta a Parigi nel 1906 su iniziativa di Sergej Djagilev. La mostra si aprì il 15 ottobre 1906 presso il Salon d'Automne e Ivan Morozov, oltre ad avervi esposto opere di pittori russi di sua proprietà, era membro del Comitato organizzatore[39] e venne inoltre nominato socio onorario del Salon d'Automne e insignito dell'ordine della Legione d'Onore. Venutosi a trovare nel centro della vita culturale parigina del 1906, attorniato da pittori e mecenati russi e francesi, Morozov non poteva che approfittarne per arricchire la sua collezione. Né passò inosservata per Morozov una grande retrospettiva di Gauguin presentata nel 1906 al Salon d'Automne con 227 opere esposte fra di-

pinti, stampe, disegni e ceramiche, provenienti dalle collezioni più qualificate. Pare che proprio in quell'occasione egli "scoprì" davvero l'arte di Gauguin, del quale acquistò undici opere. Attualmente cinque Gauguin della collezione di Morozov sono al Museo Puškin, eccezionali per la qualità: *Paesaggio con pavoni*, *Caffè ad Arles*, *Il grande Budda*, e *Te tiare Farani (Fiori di Francia)*, acquistati tutti da Vollard, il primo nel 1907, il secondo e il terzo nel 1908, e anche l'ultimo nel 1908, pur se conteso da un altro offerente che lo voleva per la Galleria Nazionale di Berlino. Nel 1910 Morozov acquistò tramite Druet i *Pappagalli*: da allora nessuno studio sull'arte di Gauguin può considerarsi completo se non prende in considerazione la raccolta morozoviana.

Gli ultimi due anni di acquisti parigini di Morozov (1912-1913) possono essere definiti davvero storici per la sua collezione. Nel 1912 egli comprò due grandi pannelli decorativi di Pierre Bonnard, *Primavera* e *Autunno*, da lui commissionati, e, un anno più tardi, due paesaggi dello stesso autore, *Estate in Normandia* e *La Senna a Vernonnet* (tutti ora al Museo Puškin). Fra gli acquisti dell'ultimo anno, il 1913, vanno ricordati i paesaggi di Albert Marquet e gli *Alberi* di André Derain, e il *Trittico marocchino* di Henri Matisse, sull'acquisto del quale esiste uno scambio di lettere (conservate all'archivio del Museo Puškin) pubblicato nel catalogo di una mostra di Matisse tenuta in Russia nel 1969[40]. E infine due capolavori di Picasso, *Acrobate à la boule* e il *Ri-*

tratto di Ambroise Vollard furono acquistati da Ivan Abramovič pure nel 1913. Il suo ennesimo viaggio a Parigi, previsto per l'autunno 1914, fu rimandato: la prima guerra mondiale era già in corso. Dopo il 1914 Ivan Morozov si dedicò all'ampliamento della sezione russa della sua collezione acquistando dipinti di Marc Chagall, di Pavel Kuznecov, di Robert Falk e di altri pittori russi che s'ispiravano alla pittura francese. Gli acquisti esteri di Morozov non ripresero più, ma ciò che egli era riuscito a raccogliere in quindici anni è davvero singolare: più di duecento opere attraverso le quali si legge dettagliatamente l'evoluzione della pittura francese moderna, da Sisley e Monet a Cézanne, Gauguin, Matisse e Picasso. La finalità della collezione di Morozov – per scelta ragionata o per intuito – era quella di collocare la pittura russa e occidentale nel contesto di un unico processo artistico, concetto ripreso e sviluppato nei lavori di studiosi russi e nella prassi delle mostre d'arte: con la collezione di Šukin, ebbe un ruolo molto importante nella formazione e fioritura dell'arte d'avanguardia russa.

Epilogo

In conclusione, qualche parola sulla sorte successiva, post-rivoluzionaria, delle collezioni Šukin e Morozov: nel 1918 entrambe furono statalizzate e, sulla base di quella di Sergej Šukin fu creato, nel suo palazzo in Znamenskij, pereulok, il Primo Museo di pittura moderna occidentale, mentre quella di Ivan Morozov costi-

tuì il Secondo Museo di pittura moderna occidentale, aperto nel 1919 nel palazzo di Morozov in via Prečistenka, sempre a Mosca.

Nel 1923 le due collezioni vennero riunite in un unico Museo di Stato d'arte moderna occidentale con sede, dal 1928, a palazzo Morozov, dove rimase fino al 1948, anno in cui fu chiuso e le sue collezioni andarono distribuite fra il Museo di Stato di belle arti Puškin di Mosca e il Museo di Stato dell'Ermitage di Leningrado.

Quanto ai collezionisti, entrambi morirono all'estero: Sergej Šukin nel 1936 a Parigi e Ivan Morozov nel 1921 a Karlovy Vary (Karlsbad).

La mostra

Le due collezioni sono rappresentate in maniera equilibrata.

Cominciamo col *Ritratto di Antonin Proust* di Edouard Manet: Proust, importante uomo politico della III Repubblica, legato al pittore da antichi vincoli d'amicizia, era stato più volte ritratto, ma questo dipinto, più intimo e spontaneo degli altri, pervaso da caldi toni dorati, rivela in modo particolare le capacità innovative di Manet.

I cinque Monet, tutti della collezione Šukin, sono caratteristici sia della produzione del fondatore dell'impressionismo sia dell'evoluzione dell'impressionismo come corrente. *Lillà nel sole*, del 1873, rende un'impressione momentanea del soggetto, in un complicato gioco di luci e di ombre. *Scogli a Belle-Ile* (1886) è già ope-

ra di un impressionista maturo dipinta nell'anno dell'ottava e ultima mostra degli impressionisti; in *Cattedrale di Rouen al tramonto* (1894) e *Ninfee bianche* (1899) l'osservazione spontanea cede il posto agli effetti decorativi.

I tre Renoir presentati provengono tutti dalla collezione di Ivan Morozov. *La grenouillère* dipinto nel 1869, agli albori del paesaggismo impressionista, rende straordinariamente la bellezza di una giornata di sole. Il *Ritratto dell'attrice Jeanne Samary* del 1877, esposto alla terza mostra degli impressionisti nello stesso anno, è senza dubbio il migliore dei noti ritratti della famosa attrice della Comédie Française.

Edgar Degas è rappresentato da *Ballerina dal fotografo*, esposta alla quarta mostra degli impressionisti nel 1879 e acquistata nel 1902 da Sergej Šukin.

Fra i generi prediletti degli impressionisti era quello del paesaggio urbano di cui, seguendo l'esempio di Claude Monet, creavano serie intere di dipinti. Ne è un esempio *Avenue de l'Opéra* del 1898, di Camille Pissarro.

Dei due Sisley, è degno di nota *Il giardino di Ernst Hoschede a Montgeron* del 1881, acquistato nel 1904 da Ivan Morozov presso Durand-Ruel.

In questa mostra sono ben rappresentati i cosiddetti postimpressionisti, cioè coloro che reagirono all'impressionismo respingendone teorie e metodi. Basta citare i cinque Cézanne, di cui *Autoritratto* e *Il fumatore di pipa* appartenevano a Sergej Šukin, mentre gli altri tre erano di Ivan

Morozov. Il vigoroso e volumetrico *Autoritratto* (1882-1885) fu acquistato da Šukin presso Vollard, mentre la natura morta *Pesche e pere* del 1890-1894, divenne nel 1912 proprietà di Ivan Morozov. Senza questa natura morta, genere prediletto da Cézanne, la collezione delle sue opere non sarebbe stata completa. Quanto a *Castagni e fattoria al Jas de Bouffan*, pure della collezione di Morozov, nelle sue pennellate "geometriche" si avvertono i presagi del cubismo.

Ciascuna delle tele di Paul Gauguin è accompagnata da una targhetta e rappresenta un preciso periodo della carriera del pittore. *Te tiare Farani (Fiori di Francia)*, 1891, della collezione di Morozov, eseguiti a Tahiti nell'anno in cui il pittore aveva lasciato Parigi, sono un ricordo nostalgico della lontana Francia. Fra i Gauguin del Puškin uno dei più famosi e dei più belli è *Aha oe feii (Sei gelosa?)*: nel suo libro *Noa-Noa* il pittore descrisse questa scena di conversazione fra due sorelle sulla spiaggia e nell'agosto 1892, in una lettera a D. de Monfreud, ebbe a dire: "Pare che sia la cosa più bella che io abbia fatto finora". Dal 1908 la tela era nella collezione di Šukin. Il drammatico *Guado (Fuga)* è un'opera tarda eseguita da Gauguin nel 1901, a due anni dalla morte.

Vincent Van Gogh è rappresentato da due dipinti molto famosi ed esposti in varie mostre in Russia e in Europa. Il *Dottor Felix Rey* ritrae il primario dell'ospedale di Arles nel quale il pittore era ricoverato in seguito a una ferita procuratasi dopo

Pablo Picasso, *Acrobate à la boule* dell'ex collezione di Ivan Morozov

una lite con l'amico Gauguin. Il ritratto fu dipinto in pochi giorni, nel 1889, e venne regalato al dottor Rey; dopo aver cambiato vari proprietari fu acquistato nel 1908 da Šukin presso il gallerista parigino Druet. Al 1890 risale *La ronda dei carcerati*, dipinta sul motivo di un'incisione di Doré, durante il ricovero di Van Gogh, gravemente malato, all'ospedale psichiatrico di Saint-Rémy. Da attribuirsi a questa circostanza dev'essere l'impronta tragica, chiaramente leggibile sia nel gelido tono verde-bluastro sia nelle figure umane deformate. Il quadro fu acquistato da Ivan Morozov.

Interessante è *Povero pescatore* di Pierre Puvis de Chavannes (1879) acquistato nel 1900 da Sergej Šukin. Si tratta di uno studio molto rifinito per la tela che si trova al Musée d'Orsay di Parigi.

Le due opere di Paul Signac qui esposte erano proprietà di Sergej Šukin; *Il pino di Bertaud. Saint-Tropez,* del 1909, è dipinto secondo la tecnica del pointillisme, elaborata e propagandata da Signac: costruito con precisione quasi matematica, a piccoli tocchi puntiformi, il paesaggio sembra un policromo mosaico decorativo.

Dei lavori di Pierre Bonnard noteremo soprattutto il grande paesaggio assolato *Estate in Normandia* (ex collezione Morozov), molto caratteristico di questo artista.

Maurice Denis, strettamente legato al gruppo Nabis e al simbolismo, è presente con due dipinti, *Polifemo* (1907) e *Spiaggia verde. Perros-Guirec* (1909), tutti e due della collezione di Ivan Morozov. Fenomeno singolare e a sé stante all'inizio del XX secolo è l'arte del pittore primitivista Henri Rousseau, rappresentato da due dipinti della collezione di Šukin, entrambi del 1910. *Giaguaro che attacca un cavallo*, è una scena fiabesca di pura fantasia; *Veduta del parco di Monsouris* è una veduta parigina dalla quale il pittore esclude quanto vi è di accidentale per conferirgli tratti monumentali.

Tutti i tre Matisse della mostra provengono dalla collezione di Šukin e sono molto noti. Del primo periodo è il *Bois de Boulogne* (1902), ma orgoglio del Puškin, per quanto riguarda le opere di Henri Matisse, sono *Pesci rossi*, fra le più belle delle tante versioni, in cui il talento coloristico di Matisse appare in tutta la sua grandezza. Il pannello *Nasturzi. La danza*, del 1912, fu eseguito nello studio del pittore, vicino a Parigi, ed esposto al Salon d'Automne nello stesso anno (una prima versione del dipinto si trova al Metropolitan Museum di New York). Il tema della danza, come noto, fu un interesse duraturo del pittore: qui egli "cita" una sua *Danza* precedente, usando colori "a settori" che ricordano gli inizi fauve dell'artista.

Alla stessa corrente aderì anche André Derain, ma i suoi *Alberi*, alquanto stilizzati e caratterizzati da un sobrio colorito grigio-verde, testimoniano della rinuncia ai contrasti coloristici puri e violenti tipici del fauvismo. Il quadro fu acquistato nel 1913 da Morozov alla galleria Kahnweiler.

Albert Marquet pure, anche se per breve tempo, fu vicino al fauvismo, ma seguì poi la sua preferenza per i paesaggi urbani, restituendo immagini di Parigi, nette, chiare, monumentali e poetiche, come *Sole su Parigi. Quai du Louvre, Parigi d'inverno. Quai Bourbon*, entrambi della collezione Morozov, e *Parigi d'inverno. Pont Saint-Michel*, della collezione Šukin.

Sono cinque le opere esposte di Pablo Picasso: proveniente dalla collezione Morozov e del cosiddetto "periodo blu" è *Arlecchino e la sua amica (Saltimbanchi)*, dipinta a Parigi nel 1901; delicatamente poetica è *La spagnola di Maiorca* (1905), uno studio per la prima figura femminile di destra della nota *Famiglia di acrobati* della National Gallery di Washington; questa, come le tre altre opere – *Casa nel giardino (Casa e alberi)*, *Dama con ventaglio* e *La regina Isabeau* tutte del 1909 – erano nella collezione di Sergej Šukin. *Dama con ventaglio* era stata ideata per un'opera poi non realizzata, *Carnevale nel bistrot*, gli altri documentano il periodo cubista del pittore.

L'unico quadro di Georges Braque esistente in Russia, *Il castello di La Roche-Guyon* del 1909, proviene dalla collezione di Šukin.

La nostra esposizione si conclude con *Composizione* del 1918 di Fernand Léger, opera costruttivista donata dall'autore nel 1927 al Museo di Stato di arte moderna occidentale di Mosca.

In questa breve rassegna panoramica abbiamo considerato soltanto le opere esposte più importanti e significative, che meritano certo un discorso più dettagliato e approfondito, ma di cui abbiamo voluto solamente fare una panoramica perché i visitatori si possano rendere conto dell'eccezionale qualità e consistenza della collezione del Museo Puškin.

Dieci anni fa, nel 1985, una selezione di quarantadue opere francesi delle ex collezioni di Šukin e di Morozov venne esposta, con grande successo, a Roma e a Venezia. La presente mostra è ancor più ricca e rappresentativa, comprendendo oltre sessanta dipinti e venticinque tra disegni e stampe, ed è inoltre stata appositamente studiata per la città di Milano. Vogliamo sperare in una buona accoglienza.

[1]Vedi P. Muratov, *Šukinskaja galereja* (Galleria di Šukin), Moskva 1908; *Katalog francuzckich kartin iz sobranija S.I. Šukina* (Catalogo dei quadri francesi della collezione di Sergej Šukin), Moskva 1913; J. Tugendhold, *Francuzckoe sobranije S.I. Šukina* (Collezione francese di Sergej Šukin), "Apollon", 1914, n. 1-2; P. Percov, *Šukinskoe sobranije francuzskoj živopisi* (Collezione francese di Šukin), Moskva 1922; S. Makovskij, *Francuzskie chudožniki v sobranii I.A. Morozova* (Pittori francesi nella collezione di Ivan Morozov), "Apollon", 1912, n. 3-4; B.N. Ternovietz, *Katalog sobranija I.A. Morozova* (Catalogo della collezione di Ivan Morozov), manoscritto conservato all'archivio del Museo Puškin; B.N. Ternovietz, *Sobirateli i antikvary* (Collezionisti ed antiquari), "Sredi kollekzionerov", 1912, n. 10; *Katalog Gosudarstvennogo Museja Novogo Zapadnogo iskusstva* (Catalogo del Museo di Stato di arte moderna occidentale), Moskva 1928; B.N. Ternovietz, *Pis'ma. Dnevniki. Stat'i* (Lettere. Diari. Scritti), a cura di L.S. Alëšina e N.V. Javorskaja, Moskva 1977; A. Kostenevič, N.J. Semionova, *Matiss v Rossij* (Matisse in Russia), Moskva 1993; N.J. Semionova, A.A. Demskaia, *U Šukina, na Znamenke...* (Da Šukin in via Znamenk), Moskva 1993.
Archivio dei fratelli Šukin al Museo di Stato di storia rus-

sa a Mosca (sezione fonti scritte, fondo 265); Archivio del Museo di Stato di belle arti Puškin (fondo 13); Archivio di Durand-Ruel a Parigi.

[2]*Morozov i Šukin – russkie kollekcionery – Ot Mone do Picasso* (Morozov e Šukin, collezionisti russi. Da Monet a Picasso), catalogo della mostra, Folkwang Museum, Essen; Museo Puškin di Mosca; Ermitage di San Pietroburgo, Dumont Verlag, Köln, con descrizioni dettagliate dei collezionisti, delle loro famiglie, del loro seguito e delle loro collezioni e con molti documenti d'archivio: è tuttora la pubblicazione più completa su Sergej Šukin e Ivan Morozov.

[3]In alcune pubblicazioni si parla dei dieci figli di Ivan Šukin, che erano però undici, considerando il primogenito Nikolaj, morto bambino. Ne parla nelle sue memorie uno dei fratelli Šukin, Pëtr: vedi *Vospominanija P.I. Šukina* (Memorie di Pëtr Šukin), parte I, Moskva 1911, p. 3. Gli altri sei fratelli maschi erano: Nikolaj (1852-1910), Pëtr (1853-1912), Sergej (1854-1936), Dimitrij (1855-1932), Vladimir (1867-1895), Ivan (1869-1908).

[4]A. Botkina, *Pavel Michailovič Tret'jakov v žizni i v iskusstve* (Pavel Tret'jakov nella vita e nell'arte), Moskva 1951, p. 52.

[5]Il quadro si trova attualmente al Museo Puškin.

[6]*Vospominanija P.I. Šukina* (Memorie di Pëtr Šukin), cit.

[7]*Kratkoe opisanie Šukinskogo Museja v Moskve, sostavlennoe P. I. Šukinym* (Breve descrizione del museo Šukin di Mosca fatta da Pëtr Šukin), Moskva 1895.

[8]Direttore dell'istituto era L.N. Polivanov, laureato in lettere e storia, che dava un'importanza particolare all'insegnamento di letteratura e di scienze umane.

[9]*Morozov i Šukin...* (Morozov e Šukin...), cit., p. 48.

[10]Dopo la rivoluzione del 1917 la collezione di Dimitrij Šukin divenne, nel 1922, filiale del Museo Rumjancev di Mosca (ora Biblioteca nazionale, ex Biblioteca Lenin. Nel 1924 invece diversi quadri della collezione passarono al Museo Puškin.

[11]*Morozov i Šukin...* (Morozov e Šukin...), cit., p. 49.

[12]I.I. Šukin, *Biron v gravjure Iv. Sokolova. Stranička iz istorii russkoj ikonografii* (Biron nella stampa di Ivan Sokolov. Piccola pagina della storia dell'iconografia russa), Moskva 1893. Alla biblioteca del Museo Puškin è conservata una copia di questa pubblicazione con una dedica autografa dell'autore a V.N. Akimov. Ivan Šukin pubblicò nel 1929 il suo *Catalogue des miniatures indiennes du Musée du Louvre*, che poi sostenne brillantemente come tesi di laurea alla Sorbona. Vedi la prefazione al secondo catalogo di Ivan Šukin, *Musée National du Louvre. Les miniatures persians*, Musées Nationaux, Palais du Louvre, Paris 1932, p. 5.

[13]Vedi *Morozov i Šukin...* (Morozov e Šukin...), cit., pp. 49-50.

[14]*Ibidem*, pp. 51-52.

[15]Fëdor Vladimirovič Botkin (1861-1905), pittore russo, paesaggista.
Stando a quanto testimonia B.W. Kean, nel 1896 introdusse Sergej Šukin nell'ambiente di Durand-Ruel (vedi *All the Empty Palaces. The Merchant Patrons of Modern Art in Pre-Revolutionary Russia*, Beverly Whitney Kean. Universe Books, New York 1983, p. 37.

[16]Vedi nota 1.

[17]M. Nesterov, *Iz pisem* (Dalle lettere), Leningrad 1968, p. 197.

[18]J. Tugendhold, *Francuzskoe sobranie S.I. Šukina* (Collezione francese di Sergej Šukin), "Apollon", 1914, n. 1-2, p. 23.

[19]Si tratta dei pannelli *Danza* e *Musica* di Henri Matisse (entrambi all'Ermitage di San Pietroburgo), che l'artista finì di dipingere per la casa di Šukin nel 1910.

[20]Vedi J.A. Rusakov, *Matiss v Rossii osen'ju 1911 godij. Trudy Gosudarstvennogo Ermitaža* (Matisse in Russia nell'autunno 1911. Opere del Museo dell'Ermitage), vol. 14, Leningrad 1973, pp. 167-184.

[21]B. N. Ternovietz, *Pariž-Moskva* (Parigi-Mosca), articolo del 1921-1922, citato in B.N. Ternovietz, *Pis'ma. Dnevniki. Stat'i* (Lettere. Diari. Scritti, cit., p. 21.

[22]Ivi.

[23]Archivio del Museo di Stato di storia russa, sezione fonti scritte, fondo 265, vol. 213, fogli 62-63.

[24]A. Benois, *Sergej Ivanovič Šukin, "Poslednie novosti"*, Paris 1936, 12 gennaio. Citato in *Valentin Serov v vospominanijach, dnevnikach i perepiske sovremennikov* (Valentin Serov nei ricordi, nei diari e nella corrispondenza dei contemporanei), a cura di I.S. Silberstein e V.A. Samkov, Leningrad 1977, vol. 1, p. 377.

[25]Ecco come ne parla Sergej Šukin in una lettera a Matisse datata 10 ottobre 1913: "Sono passate già due settimane dal mio rientro a Mosca durante le quali ho avuto piacere di ricevere il sig. Osthaus, fondatore del museo a Hagen e, inoltre, vari altri direttori di musei (dr Peter Tessen di Berlino, dr H. von Träckmoldt di Francoforte, dr Hampe di Norimberga, dr Polacek di Strasburgo, dr Sauerman di Flensburg, dr Stettiner d'Amburgo, dr Bäck di Darmstadt, Max Sauerlandt di Helle e Yens Tis di Cristiania. Tutti questi signori hanno esaminato con grande attenzione i Suoi quadri, chiamandola tutti gran maestro ('ein grosser Meister').
Il sig. Osthaus è stato da me due volte (una volta a colazione e l'altra a pranzo). Ho potuto notare che i Suoi quadri gli hanno fatto una grande impressione... Yens Tis, direttore del Museo di belle arti di Cristiania [ora Oslo, in Norvegia], ha passato da me due giornate studiando soprattutto i Suoi quadri. Nella seconda giornata si è fermato da me dalle dieci del mattino alle sei del pomeriggio..." (A. Barr, *Matisse. His Art and His Public*, New York 1951, p. 147.

[26]P. Muratov, *Šukinskaja galereja* (Galleria Šukin), Moskva 1908, p. 117.

[27]M. Nesterov, *Iz pisem* (Dalle lettere), Leningrad 1968, p. 197.

[28]Archivio del Museo di Stato di storia russa, fondo 265, vol. 213, fogli 62-63.

[29]B.N. Ternovietz, *Pis'ma. Dnevniki. Stat'i*, cit., p. 119.

[30]*Valentin Serov v vospominanijach, dnevnikach i perepiske sovremennikov* (Valentin Serov nei ricordi...), cit., vol. 1, p.377.

[31]*Morozov i Šukin* (Morozov e Šukin...), cit., p. 66.

[32]*Ibidem*, p. 86.

[33]*Ibidem*, p. 87.

[34]*Vospominanija M.K. Morozovoj (uroždennoj Mamontovoj* (Ricordi di Margarita Morozova, nata Mamontova), parte 2 (1891-1903), nell'Archivio Centrale di letteratura ed arte, fondo 1956/2, vol. 7, fogli 96, 101, 102, 108, 111, 125, 142, 156, 162, 163.

[35]Archivio del Museo Puškin, vol. H/11, foglio 18.

[36]Nel 1908-1909 Denis eseguì, su commissione di Morozov, undici pannelli della serie *Storia di Psiche* destinati per il salone del palazzo di Morozov; ora sono all'Ermitage di San Pietroburgo.

[37]Nel 1909-1912 Maillol eseguì, su commissione di Morozov, quattro statue in bronzo (*Pomona*, 1910; *Flora*, 1911; *Figura di donna*, 1912; *Donna con fiori*, 1912) per il salone dello stesso palazzo; ora sono al Museo Puškin.

[38]M. Denis, *Journal*, tome 2 (1905-1920), Paris 1957, pp. 100-101.

[39]Ivan Morozov era socio onorario della società del Salon d'Automne, accanto a personalità come Anatole France e Claude Debussy e ai più rinomati collezionisti parigini. Alla biblioteca del Museo Puškin sono conservati i cataloghi delle mostre del Salon d'Automne del 1903-1912 con annotazioni di Ivan Morozov.

[40]*Matiss. Živopis'. Skul'ptura. Grafika. Pis'ma* (Matisse. Pittura. Scultura. Grafica. Lettere), Leningrad 1968.

Catalogo delle opere

Claude Monet

Quando vedete per la prima volta la facciata occidentale della cattedrale, azzurra nella nebbia, splendente nel mattino, fortemente dorata per il sole assorbito nel pomeriggio, rosa e già fresca e notturna nel tramonto, a una qualunque delle ore che le sue campane suonano nel cielo e che Claude Monet ha fissato in tele sublimi, nelle quali si svela la vita di questa cosa fatta dagli uomini, ma che la natura ha ripreso immergendola in sé, una cattedrale la cui vita, come quella della terra nella sua doppia rivoluzione, si svolge nei secoli e nello stesso tempo si rinnova e finisce ogni giorno, allora, liberandola dai mutevoli colori con i quali la natura l'avvolge, voi sentite davanti a questa facciata un'impressione confusa ma profonda.

Marcel Proust, 1904

. *Lillà nel sole*, 1873

2. *Scogli a Belle-Ile. Piramidi
di Port-Coton, mare
burrascoso*, 1886

3. *La cattedrale di Rouen
al tramonto*, 1894

4. *Ninfee bianche*, 1899

5. *Vétheuil*, 1901

Edouard Manet

In Manet l'occhio svolgeva un ruolo tanto grande, che Parigi non ha mai conosciuto qualcuno che andasse a zonzo come lui, e più utilmente di lui. Quando arrivavano le giornate d'inverno, in cui la nebbia ovatta la luce fin dal mattino, al punto che ogni attività pittorica nello studio diventa impossibile, toglievamo le tende correndo verso i viali esterni. Là, egli disegnava sul suo taccuino una cosa da niente, un profilo, un cappello; insomma, un'impressione fuggevole. E quando, il giorno dopo, un compagno gli diceva, sfogliando il taccuino: "Questo dovresti finirlo", si torceva dal ridere. "Mi prendi per un pittore di storia", diceva. "Pittore di storia" era, nella sua bocca, l'ingiuria più sanguinosa che si potesse fare a un artista.

Antonin Proust, 1897

6. *La barricata*, 1871

7. Ritratto di Antonin Proust,
1877-1880

Pierre-Auguste Renoir

Su un punto Renoir era intransigente: dipingeva per il piacere. È spesso citato l'aneddoto del suo botta e risposta con Gleyre quando quest'ultimo studiava nel suo atelier: "È per divertirvi che dipingete, non è vero?" – "Certo, e vi prego di credere che se non mi ci divertissi non dipingerei nulla". (...) In lui il piacere di dipingere era inscindibile dalla convinzione che i quadri dovevano dispensare piacere, e questo era il loro primo scopo: "La pittura è fatta, no? per decorare le pareti; dev'essere più ricca che si può. Per me un quadro – visto che siamo costretti a fare pittura da cavalletto – dev'essere qualcosa di amabile, di gioioso e di bello, sì, di bello!"

J. House, 1985

8. *La grenouillère*, 1869

10. *Ritratto dell'attrice Jeanne*
Samary, 1877

9. *In giardino (Sotto gli alberi del Moulin de la Galette)*, 1876

1. *Donna sdraiata* (1906)

Pierre Puvis de Chavannes

Non c'è un'esistenza più bella di questo nobile artista. Si compiaceva di affermare: "Adoro l'arte ovunque, non ho altra legge né Dio": la sua vita fu consacrata al culto della Bellezza. L'indipendenza del carattere , l'espressione personalissima della forma plastica l'hanno fatto classificare da alcuni critici fra gli impressionisti. Niente ci pare meno giustificato. Anzi, noi vediamo piuttosto in lui un "tradizionalista", il cui classicismo eclettico raggiunge volta a volta la freschezza di toni dei frescanti primitivi, la semplicità austera delle figure di Jean Fouquet e il gesto espressivo di quelle di Nicolas Poussin.

E. Bénézit, 192?

13. *Studio per una figura
femminile*, 1890-1898

2. *Pescatore povero*, 1879

Edgar Degas

Come riuscir a parlare di questo artista essenzialmente parigino, di cui ogni opera racchiude tanto ingegno letterario e filosofico quanto arte della linea e scienza del colore? Con un segno, egli rivela di più e più in fretta tutto ciò che si può dire di lui, perché le sue opere sono sempre spirituali, raffinate e sincere. Non cerca di far credere a un candore che non possiede; al contrario, la sua sapienza prodigiosa prorompe ovunque; la sua ingegnosità, così attraente e peculiare, dispone i personaggi nel modo più imprevisto e piacevole, restando sempre vera e naturale. Ciò che Degas odia di più, del resto, è l'ebbrezza romantica, la sostituzione del sogno alla vita: in una parola, l'ubriacatura. È un osservatore; non cerca mai esagerazioni; l'effetto viene sempre raggiunto attraverso la realtà stessa, senza forzature. Questo fa di lui lo storico più prezioso delle scene che presenta. Non si ha più bisogno di andare all'Opéra dopo aver visto i pastelli dove sono raffigurate le *Ballerine*.

G. Rivière, 1877

5. *Dopo il bagno*, 1892 circa

14. *Ballerina dal fotografo,*
1875

Vincent Van Gogh

Voglio che tu capisca la mia concezione dell'arte. Bisogna lavorare a lungo e duramente per afferrarne l'essenza. Quello a cui miro è maledettamente difficile, eppure non penso di mirare troppo in alto. (...)
Sia nella figura che nel paesaggio vorrei esprimere non una malinconia sentimentale ma il dolore vero. In breve, voglio fare tali progressi che la gente possa dire delle mie opere: "Sente profondamente, sente con tenerezza" – malgrado la mia cosiddetta rozzezza e forse perfino a causa di essa. Sembra pretenzioso parlare oggi in questo modo, ma è questo il motivo per cui voglio spingermi innanzi con tutte le mie forze. Cosa sono io agli occhi della gran parte della gente? Una nullità, un uomo eccentrico o sgradevole – qualcuno che non ha posizione sociale né potrà averne mai una; in breve, l'infimo degli infimi. Ebbene, anche se ciò fosse vero, vorrei sempre che le mie opere mostrassero cosa c'è nel cuore di questo eccentrico, di questo nessuno.

V. Van Gogh, 1882

6. *Ritratto di fanciulla*, luglio
888

17. *Ritratto del dottor Felix Rey*, 1889

8. *La ronda dei carcerati,*
890

Paul Gauguin

Non si può dire veramente grande un artista se non può applicare felicemente i suoi concetti più astratti, e nel modo più semplice. Ascoltate la musica di Händel! Avete ragione di dire che siamo un po' parenti. Noi riceviamo la forza di compiere la nostra opera con il tempo, se impariamo a riconoscerci e a raggrupparci come discepoli di una religione nuova, e se rendiamo forte la nostra fede attraverso un reciproco affetto. Quanto a me, la decisione è presa: andrò per qualche tempo a Tahiti, una piccola isola dell'Oceania dove la vita materiale può fare a meno del denaro.

P. Gauguin, 1890

9. *Te tiare Farani*
(Fiori di Francia), 1891

20. *Aha oe feii (Sei gelosa?)*,
1892

21. *Manau Tupapau (Lei
pensa ai fantasmi. Lo spirito
dei morti non dorme),*
inverno 1893-1894

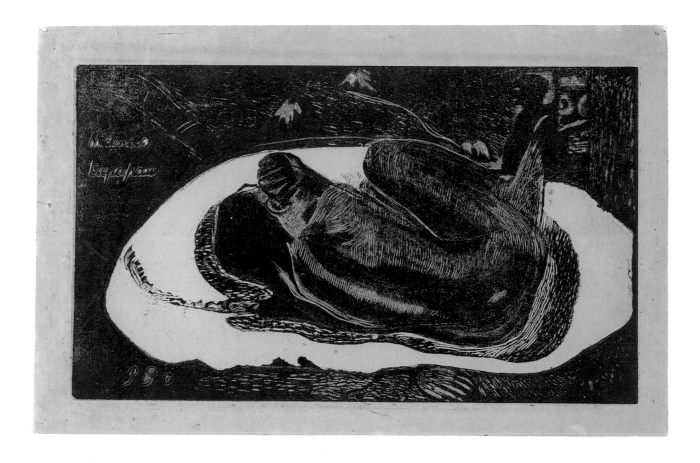

22. *Autoritratto*, 1890?, 1894?

23. *Eiaha ohipa ("Non lavorare"). Tahitiani nella stanza*, 1896

24. *Guado (Fuga)*, 1901

Henri Rousseau

Fu un pittore senza alcuna sorta di cultura, che non aveva mai imparato il mestiere di pittore. Dipingeva come un uccello canta, ma con l'ambizione, del tutto naturale, di cantare più forte degli uccelli. Non disegnava correttamente, aveva appena un senso infantile della prospettiva, ma possedeva miracolosamente un senso del grandioso, che lo portò subito a osare, accanto a scene famigliari, delle vaste composizioni. Era nato lirico. Aveva ricevuto provvidenzialmente un senso meraviglioso del colore, e dei rapporti reciproci fra i colori. Noi abbiamo molto amato il Doganiere, l'abbiamo ammirato come si doveva, col cuore e con lo spirito, Rousseau, genio innocente.

A. Salmon, 1976

6. *Veduta del parco*
i Monsouris, 1910

25. *Giaguaro che attacca
un cavallo*, 1910

Alfred Sisley

All'inizio degli anni settanta è la radiosa epifania dell'impressionismo. I due (Monet e Sisley) piazzano i loro cavalletti ancora fianco a fianco, nei vari luoghi dove la Senna descrive le sue anse: Voisins, Argenteuil, Louvenciennes, Bougival. La tavolozza si schiarisce, la luce sembra liquefarsi, divenire come un lattice morbido, pastoso, che si stende sulle pareti solatie sui piloni dei ponti, mentre le acque si fanno dealbate, dialogando col cielo, fino quasi a cancellare i confini rispettivi. Ma pure in questa fase somma Sisley mantiene, per parte sua, una nota cromatica più fredda, più sensibile alla gamma degli azzurri. L'estate non esplode mai, nelle sue tele, che sanno registrare solo le primavere ventilate, o le mattinate d'inverno, quando il primo sole scioglie le brine.

R. Barilli, 1992

7. Il giardino di Ernst
Hoschede a Montgeron, 1881

8. *Radura nel bosco*
 Fontainebleau, 1885

Paul Signac

Dopo il '90, seguendo una vecchia, avventurosa passione marinara, naviga senza sosta lungo le coste della Francia, della Bretagna, della Provenza, utilizzando, nella sua vita, oltre trentadue yachts (...). Mentre riscopre palmo a palmo le spiagge del sud, il suo stile si trasforma sensibilmente nella tecnica e nel colore. Signac abbandona il "punto" di Seurat a favore di una pennellata quadrata e compatta, un tocco di colore splendente come una tessera di mosaico; e i toni divengono esplosivi e violenti negli accostamenti: è forse il ricordo dei singolari accordi vangoghiani? (...) La compatta, classicamente statica geometria delle architetture, delle montagne e delle vele, è risolta in funzione cromatica, per accordi sottili e vibranti o per violente opposizioni che riscattano, nel gusto della sensazione soggettiva, il valore della spontaneità.

M. Valsecchi, 1966

29. *Spiaggia sabbiosa a Saint-Brieuc. Op. 212*, 1890

30. *All'epoca dell'armonia,*
1895-1896

81. *Il pino di Bertaud.*
aint-Tropez, 1909

Odilon Redon

Ho sempre provato la necessità di copiare la natura in oggetti minuti, particolari, fortuiti. Soltanto dopo lo sforzo di volontà compiuto per rappresentare minuziosamente un filo d'erba, un ciottolo, un ramo, un brandello di muro vecchio sono preso come dal tormento di creare qualcosa di immaginario. La natura esteriore, così recepita e dosata, diviene, per trasformazione, la mia fonte, il mio fermento. Devo agli istanti che hanno seguito questi esercizi le mie opere migliori. Tutta la mia originalità consiste nel far vivere umanamente degli esseri inverosimili, secondo le leggi del verosimile, mettendo fin dove possibile la logica del visibile al servizio dell'invisibile.

O. Redon, 1879

32. *Schizzo per la copertina della rivista "Vesy", 1904*

33. *Vignetta per la rivista
"Vesy": Composizione III
(Nudo)*, 1904

34. *Vignetta per la rivista*
"Vesy": Composizione IX
(Testa), 1904

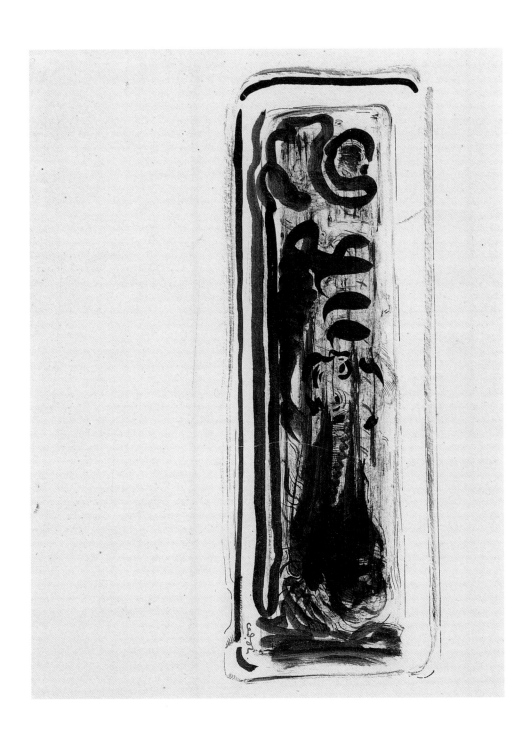

Paul Cézanne

Per fare progressi non c'è che la natura, l'occhio si educa nel rapporto con lei. Voglio dire che in un'arancia, in una mela, in una palla, in una testa c'è un punto culminante; e questo punto è sempre – malgrado il terribile effetto di luce e di ombra, sensazioni di colore – il più vicino al nostro occhio; i bordi degli oggetti fuggono verso un centro posto sul nostro orizzonte. Con un minimo di temperamento si può essere veri pittori. Si possono fare delle cose buone senza avere un gran senso dell'armonia né del colore. Basta avere il sentimento dell'arte – quel sentimento che certamente fa inorridire i borghesi. Dunque le istituzioni, le pensioni, gli onori sono fatti solo per i cretini, i buffoni, i disonesti. Non fate il critico d'arte, fate della pittura. La salvezza sta in questo.

P. Cézanne, 1904

5. *Autoritratto*, 1882-1885

36. *Castagni e fattoria al Jas*
de Bouffan, 1885-1887

38. *Pesche e pere*, 1890-1894

9. *Ponte sopra lo stagno,*
898 circa

Edouard Vuillard

Ritratti, interni trattati per piani sovrapposti, per toni compatti ocra, rossi, blu, zafferano. Troppo spesso non si ammira in Vuillard che il calmo e armonioso contemplatore che unisce all'osservazione più attenta un sentimento squisito della sfumatura, dei ritmi, dei valori. Queste ricerche solitarie, queste meditazioni plastiche di cui un tavolo, un letto-gabbia, una figura distesa, un volto familiare (il suo, spesso) furono i pretesti che permettono di comprendere meglio la somma d'interrogativi talvolta febbrili che sono alla base della sua arte. Le doti innate, la facilità naturale si appoggeranno su una deferenza via via sempre più lucida alle esigenze tecniche, a tutto ciò che permette all'opera di crescere e di conquistare la propria pienezza. Ma tutto ciò che permette all'opera di crescere e di conquistare la propria pienezza. Ma Vuillard non ritiene necessario esibire le proprie intenzioni, gridare dall'alto dei tetti i propri meriti intellettuali. In pieno simbolismo, come Bonnard, resta fedele al quotidiano, senza scivolare nello strano o nell'instabile.

C. Roger-Marx, 1955

40. *Sul sofà (Nella stanza bianca)*, 1890-1893

1. *In giardino*, 1895-1898

Camille Pissarro

Con un nuovo viaggio s'immerge ancora nelle seduzioni d'atmosfera, di luce vibrante, di ambiente: le sugge-stioni dell'impressionismo ritornano, più mature e compiute, rese più acute dal compenetrarsi delle più di-verse esperienze. E, quando, dopo il '90, si stabilisce definitivamente a Parigi, la ritrae continuamente nelle sue strade, nelle sue piazze, nei suoi boulevards, con una materia di nuovo impastata di luce, tutta vibrazion sottili (...): una prospettiva lontana e serena, una visione lucida della realtà, immersa in un'atmosfera brillan-te e gioiosa, e dovunque passanti, signore, carretti e carrozze e, in fondo, il brulicare fitto e indaffarato della folla.

M. Valsecchi, 196(

2. *Mattino d'autunno*
Eragny, 1897

43. *Avenue de l'Opéra.*
Effetto di neve. Mattino, 1898

44. *L'aratro* (1898)

Paul-César Helleu

Personaggio importante della vita parigina, Helleu ci ha lasciato testimonianze indimenticabili dell'epoca 1900 e della società descritta da Marcel Proust. Le sue composizioni ispirate alla mondanità, le sue silhouettes femminili, le sue scene sportive del mondo elegante sono tra le più precise immagini della Belle Epoque. Forse a questo artista è mancata un'ambizione più elevata.

in Bénézit, 1981

45. *Donna appoggiata*
al parapetto

Jean-Louis Forain

Forain, che divenne l'esempio perfetto del dandy parigino (...) sviluppò quello che Goncourt descrive come "un linguaggio tutto parigino, fatto di espressioni intraducibili in qualunque altro idioma, e che contengono il sublimato di un'ironia infinitamente sottile". Questa ironia accuratamente levigata, unita a un umorismo feroce e alla facilità nel disegno, gli consentì di diventare il vignettista e illustratore francese più importante nella Parigi degli anni ottanta e novanta.

S. Withfield, 1990

47. *Sono pronta, dottore!,*
1890-1900

46. *Ritratto della signora*
Forain, 1890-1900

Jean-François Raffaëlli

Degas lo impose, contro la volontà degli altri membri del gruppo, alle esposizioni degli impressionisti del 1880 e 1881, a dispetto, bisogna riconoscerlo, della sua tavolozza scura, in assoluta contraddizione con la regola impressionista. Più attento al disegno che al colore, Raffaëlli ha trattato in nero e bianco la maggior parte delle sue tele. Gli dobbiamo anche delle vedute parigine, ed è proprio con queste che tocca ancora il grande pubblico. I suoi angoli tipici di Parigi sono visti con precisione e tradotti con spirito. I paesaggi delle fortificazioni e dei terrapieni hanno creato un genere, e perpetuano il ricordo di questa strana "terra di nessuno" oggi scomparsa.

R. Cogniat, 1976

49. *Route de la Revolte*
a Neuilly

8. *Boulevard Saint-Michel*

Henri de Toulouse-Lautrec

La modella è sempre "impagliata" mentre quelle...quelle sono vive. Non oserei dare loro i 100 franchi della posa, e tuttavia lo sa Dio se li valgono. Si stirano sui divani come animali. E poi, sapete? sono gli unici posti dove ancora si sappiano lucidare le scarpe e dove non si sentano troppe sciocchezze. Sono talmente senza boria... Cosa volete, in nessun luogo mi sento così a mio agio.

H. de Toulouse-Lautrec

Il fantino, 1899

50. *La cantante Yvette
Guilbert mentre esegue
"Linger, Longer, Loo"*, 1894

Auguste Rodin

La bellezza è carattere ed espressione. Ora, non c'è niente in natura che abbia più carattere del corpo umano. Esso evoca con la sua forza o la sua grazia le immagini più varie. A momenti rassomiglia ad un fiore: la flessione del torso imita lo stelo, l'aspetto dei seni, l'espressione della testa e lo splendore della capigliatura corrispondono allo schiudersi della corolla. In altri momenti esso ricorda una liana flessibile, un arbusto dalla curvatura sottile e ardita. Altre volte un corpo umano piegato all'indietro appare simile a una molla, a un bell'arco sul quale Eros incocca le sue invisibili frecce. Altre volte, esso è un'urna. Ho spesso fatto sedere per terra una modella chiedendole di girarsi di schiena verso di me con le gambe e le braccia incrociate. In questa posizione la forma del dorso, che si assottiglia alla vita e si allarga alle anche, ne esce come isolata, quasi che fosse un vaso dal profilo squisito, l'anfora che contiene nei suoi fianchi la vita futura. Il corpo umano è soprattutto lo specchio dell'anima e di là viene la più grande bellezza.

A. Rodin, 191

53. *Nudo femminile riverso
all'indietro*, 1900-1908

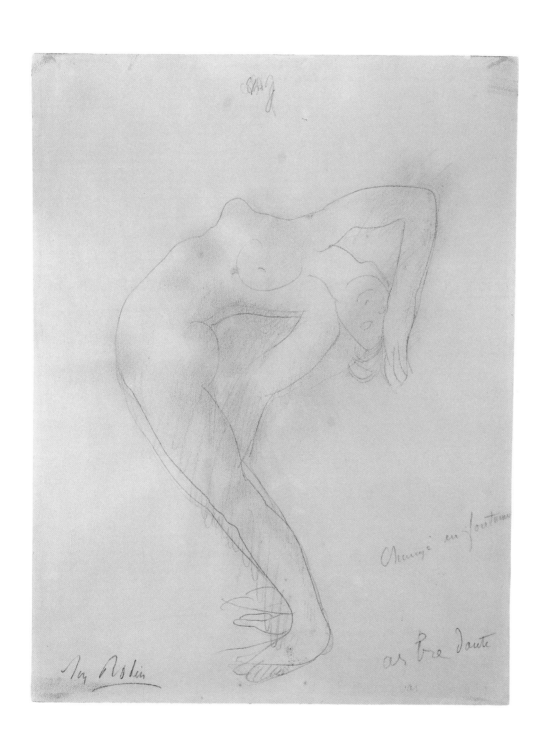

52. *Maddalena penitente*,
1900-1908

Louis Legrand

Felicien Rops gli insegnò tutti i segreti dell'arte dell'incisione: e gli comunicò il gusto per una galanteria piccante, ma solo di rado Legrand manifesta quanto c'è di morboso nel suo maestro: ha un senso più ottimista delle ebrezze fisiche. Si potrebbe dire che il ballo del Moulin Rouge sia stato a lungo il suo vero atelier.

in Bénézit, 1981

5. *Dolore*, ante 1906

4. *Quattro danzatrici*

Maurice Denis

Questo è il particolare simbolismo di Denis: non bisogna riprodurre la natura, ma rappresentarla con equivalenti plastici e romantici. Un principio generale dal quale sono discese tante posizioni e ricerche dell'arte moderna, più o meno vitali o accademiche, di astrazione lirica razionale, di invenzione espressionista o surreale. Nel pieno lievitare di quel magma fecondo di idee e di dubbi, di entusiasmi e di crisi, che caratterizza l'ultimo decennio del secolo scorso e che è alla base dello svolgimento dell'arte del nostro tempo, Denis portava il contributo di un appassionato desiderio di comprensione e di chiarezza, "nabi" (profeta) mai stanco di analizzare, discutere e propagandare il suo verbo.

F. Russoli, 1966

66. *Le comunicande,*
905-1906

57. *Polifemo*, 1907

58. *Spiaggia verde,*
Perros-Guirec, 1909

Henri Lebasque

Dapprima allievo di Bonnat, incontrò poi Camille Pissarro, sotto la cui influenza optò per la pittura chiara. La sua amabile esperienza artistica si colloca tra quella dei fauves e quella dei nabis, per esaltare, nelle scene familiari, la gioia di vivere e la gioventù.

in Larousse, 1962

Henri-Charles Manguin

Paesaggista, Manguin conservava un bel senso per le felici impaginazioni. L'effetto è la sua prima preoccupazione. Come Van Gogh, sembra essere stato stordito dal Midi, e si sforza di farci condividere la calda emozione che ha provato. Per la sua ricerca di un colore alto e vibrante, come un temporale che scoppia, con rossi sontuosi, deriva in parte, come Matisse, dai neo-impressionisti. L'ombra stessa, in lui, partecipa alla franca gioiosità, e prende spesso delle tonalità di verde.

T. Klingsor, 192

J. La bagnante, 1906

Louis Valtat

È evidente che i movimenti pittorici non nascono dall'oggi al domani, e che ogni rivoluzione, qui come al trove, cerca e trova riferimenti nel passato. I Fauves hanno citato Van Gogh e invocato Cézanne e Gauguin ma questo non impedisce che – morto Van Gogh nel 1890 – nel 1895 Valtat fosse senza dubbio uno dei po chi pittori a disegnare con il colore, a stenderlo puro, a sviluppare l'arabesco; tutte attenzioni che saranno ben presto quelle dei Fauves.

J. Bouret, 1976

1. *Mare ad Anthéor*, 1907
rca

Pierre Bonnard

Non possiamo tentare una parafrasi letteraria di questo diario della fantasia e del sentimento. Troppo sottile è la poesia di tale vagabondare felice e svagato tra gli oggetti che sono colorati dagli affetti quotidiani, dal tono della memoria. Ogni cosa, ogni ambiente, ogni gesto sono ritrovati nella trama di un "tempo perduto". Nella instancabile variazione degli stessi motivi – il bagno, la colazione, i giardini – la fantasia di Bonnard è più che mai fresca, libera, serena. La pittura non ha altro spunto che l'occhio e il sentimento.

F. Russoli, 1955

62. *La Senna a Vernonnet,*
1911

63. *Estate in Normandia*,
1912 circa

Albert Marquet

Dopo la morte di Gustave Moreau (1898) Marquet si allontana dall'Ecole des Beaux-Arts per lavorare sia a Louvre che "dans la rue", seguendo quell'alternarsi di esperienze che il vecchio maestro aveva predicato. Marquet lavora con Matisse ad Arcueil e al Luxembourg, eseguendo rapidi schizzi vivificati da intensi toni puri: la sera disegnano, nei cafés-concerts e nei music-halls, alla maniera di Lautrec, con una stenografia sensibile e acuta. Nel disegno, fondamentale per la comprensione del fauvismo (poiché la carica violenta del colore porta con sé un'equivalente audacia disegnativa) l'abilità di Marquet è insuperabile: il suo segno è di una rapidità e di una sicurezza degne di Hokusai, come riconoscerà Matisse.

J. Leymarie, 198

54. *Sole su Parigi.*
Quai du Louvre, 1905

65. *Parigi d'inverno.*
Quai Bourbon, 1907

56. *Parigi d'inverno.*
Pont Saint-Michel, 1908

Henri Matisse

Si possono ottenere effetti straordinari dai colori basandosi sulle affinità e sui contrasti. Spesso, quando mi metto al lavoro, nella prima seduta annoto sensazioni fresche e superficiali. Fino a qualche anno fa questo risultato talvolta mi bastava. Se oggi me ne accontentassi, convinto come sono di vedere la realtà con una maggiore profondità, resterebbe qualcosa di indefinito nel mio dipinto; avrei registrato sensazioni fuggitive, legate a un istante che non mi definirebbe interamente, e che a stento riconoscerei il giorno dopo. Voglio arrivare a quello stato di condensazione delle sensazioni che costituisce l'essenza di un dipinto. Potrei contentarmi di un'opera di getto, ma subito mi stancherebbe; preferisco rielaborarla per poterla riconoscere più tardi come una rappresentazione del mio spirito. Tempo addietro, non lasciavo le mie tele appese ai muri perché richiamavano alla mente certi momenti di sovreccitazione che non volevo rivivere quand'ero calmo. Oggi lavoro a un quadro con calma, e ci lavoro su finché questa calma non è parte del quadro stesso.

H. Matisse, 1908

7. *Bois de Boulogne*, 1902

68. *Il pescatore*, estate 1905

70. *Ex libris di M.P. Keller,*
novembre 1911-gennaio 1912

71. *Pesci rossi, 1912*

72. *Nasturzi. La danza*, 1912

André Derain

Dopo la sua esperienza con Matisse, Derain si volge verso una più sottile resa espressiva. "Bisogna assolutamente uscire da quel cerchio in cui ci hanno chiuso i realisti", scrive da Londra a Vlaminck il 7 marzo 1907. Mentre Vlaminck va appassionandosi ai toni caldi, vermigli e cromi puri in vibrante contrasto con il cobalto e l'oltremare, Derain scopre una gamma più sottile e delicata, aerea, in cui dominano sfumature fredde, verdi, viola, blu, vibranti di cangianti rosa e lilla. Egli ricerca – come ha occasione di dichiarare – "forme permeate di plein air, nate dalla luce stessa e destinate a manifestarsi in essa", non come vaporosa ed evanescente diffusione, alla maniera di Monet, ma come cangiantismo affiorante dalla superficie colorata. La vivacità del segno, a tratti liberi e rapidi, linee sottili e delicate, si piega a questa variata visione del colore.

J. Leymarie, 1981

73. *Vecchio ponte*, 1910

74. *Alberi*, 1912 circa

Maurice de Vlaminck

Quando cominciò a dipingere, Vlaminck abitava sulle rive della Senna. Viveva a lungo sull'acqua, remando o su piccole barche a vela, frequentava le balere e quello che dipingeva a quell'epoca mantiene il sapore di una vita facile e di indifferente sregolatezza. Poi venne il momento del fauvismo puro. Il fauvismo, d'altra parte, non è mai stato una dottrina: non ha mai cercato un'espressione che esaltasse o deprimesse il colore o la forma. È stato un tentativo di unificazione, una volontà di dire tutto, una confessione totale di ciò che è nello stesso tempo spazio, luce, concezione.

A. Mantaigne, 1929

5. *Rivoletto*, 1912

76. *Paesaggio di Auvers*, 1925

Raoul Dufy

Di solito non si dà a Dufy l'importanza che merita; un giorno si vedrà quanto abbia concorso a stabilire la continuità tra le generazioni e ad abituare il pubblico a nuovi aspetti formali del mondo. L'opera di Dufy è piena di spazi obliqui, curvi, senza contorni, dedotti da ricerche ancora ispirate all'atteggiamento impressionista e a una straordinaria sensibilità ottica. Dufy ha il dono di afferrare il tratto essenziale di uno spettacolo istantaneo; è un sorprendente stenografo della sensazione pittorica. Nei suoi quadri si troveranno registrate molte sensazioni nuove: un immenso repertorio per gli artisti del futuro.

P. Francastel, 1951

77. 14 luglio a Deauville, 1933

Georges Braque

Braque era un gigante francese, passionale ma riflessivo; Picasso era piccolo, fiero, orgoglioso e spagnolo. Braque aveva il metodo e la pazienza che gli venivano dai suoi studi di artigiano decoratore, Picasso invece era un virtuoso con alle spalle una ben più classica formazione accademica. "Vivevamo a Montmartre, ci incontravamo ogni giorno, parlavamo sempre e ci siamo molto divertiti", racconterà anni dopo Braque. Che si siano divertiti è sicuro. E non solo dipingendo, ma giocando come due bambini. Picasso chiamava spesso Braque "la mia signora" oppure "il mio vecchio Wilbur", da Wilbur Wright, immaginando che anche loro, come i fratelli Wright, fossero dei veri pionieri. Lo erano, perché proprio da questa amicizia, dalle loro chiacchiere e dalle loro discussioni, da una "certa idea che avevamo in comune", come la definì Braque, nacque il cubismo. Per sei anni la collaborazione fu così stretta che ancora oggi si discute sui contributi dell'uno e dell'altro.

A. Mammì, 1992

78. *Il castello di La Roche-Guyon*, 1909

Pablo Picasso

Adolescenti sorelle, pigiando in equilibrio grossi palloni da saltimbanchi, imprimono nelle sfere i moti raggianti dei mondi; sorelle adolescenti impuberi, dalle inquietudini dell'innocenza, cui gli animali rivelano il mistero religioso. E gli arlecchini esaltano la gloria delle donne, rassomigliandogli: né maschi né femmine. Colori con opacità da affresco, linee decise; ma, relegati al limite della vita, gli animali appaiono umani e i sessi sfumano. Bestie ibride con coscienza di semidei egizi; arlecchini taciturni con gote e fronti avvizzite per morbose sensibilità: non è possibile prendere per istrioni questi saltimbanchi usi agli spettatori pii dei loro riti muti, celebrati con scabrose agilità (...). Più di tutti i poeti, gli scultori e gli altri pittori, questo spagnolo ci lascia senza fiato, come un freddo repentino; le sue meditazioni si denudano nel silenzio; ed egli viene da lontano, dai fasti brutali delle composizioni e delle decorazioni spagnole secentesche. Chi l'ha conosciuto, ne ricorda le truculenze, che trascendevano l'esperimento. L'insistenza nel perseguire la bellezza ha guidato le sue strade, facendolo moralmente latino, ritmicamente arabo.

G. Apollinaire, 1905

80. *La spagnola di Maiorca,*
1905

79. *Arlecchino e la sua amica*
(Saltimbanchi), 1901

81. *Testa di vecchio con tiara,*
1905

82. *Casa nel giardino*
(Casa e alberi), 1909

83. *La regina Isabeau*, 1909

34. *Dama con ventaglio*, 1909

Fernand Léger

Con semplice processo, più simbolistico che formalistico, la struttura plastica e gli accordi cromatici del cubismo si fecero nella sua opera trascrizione di elementi tipici del mondo moderno, visto nelle più evidenti apparenze "nuove". Ecco allora gli uomini robot, le architetture di macchine e di edifici razionali, la riduzione a formule e strutture meccaniche, dinamicamente contrapposte in cristalline composizioni, di tutto il paesaggio della vita moderna. E Léger fu il "tubiste" tra i "cubistes".

F. Russoli, 1955

85. *Composizione*, 1918

Regesto delle opere

Le schede dei disegni sono a cura di Vitali Mišin (V.M.)

Claude Monet
Parigi 1840 – Giverny 1926

Nel 1859 frequenta l'Académie Suisse, dove conosce Pissarro. Nel 1860-1862 viene chiamato a fare il servizio militare in Algeria. Studia a Parigi nell'atelier di Gleyre, dove conosce Renoir e Sisley. Nel 1864 lavora insieme a Boudin e a Jongkind e subisce l'influenza di Courbet. Nel 1866 dipinge *La colazione sull'erba*. Nel 1866-1867 lavora a Saint-Adresse e a Onfleur, ed è un periodo di gravi difficoltà materiali. Nel 1869 lavora con Renoir a Bougivalle, dove dipinge *La grenouillère*. Nel 1870 si reca a Londra e comincia a interessarsi all'arte di Turner e di Constable. Nel 1872 dipinge *Impressione, sole nascente*. Successivamente si trasferisce ad Argenteuil. Partecipa a cinque delle otto esposizioni degli impressionisti. Nel 1876 termina la prima delle sue serie di quadri monotematici: *Stazione di Saint-Lazare*, a cui seguono *Covone di fieno* (1889-1893), *Pioppi* (1890-1891) e *La cattedrale di Rouen*.
Nel 1883 va a vivere a Giverny, dove sarebbe rimasto fino alla morte. Compie alcuni viaggi a Londra (1891, 1899, 1902) e Venezia (1908, 1909). Dal 1899 lavora alle *Ninfee*. Nel 1921 tiene un'esposizione retrospettiva presso la galleria Durand-Ruel.

1. *Lillà nel sole,* 1873
olio su tela, 50 × 65 cm
firmato e datato in basso a sinistra:
"Claude Monet 73"
Acquistato nel 1898 da S.I. Šukin presso la galleria Durand-Ruel, Parigi; nel 1948 acquisito dal Museo Puškin (inv. 3311)

2. *Scogli a Belle-Ile. Piramidi di Port-Coton, mare burrascoso,* 1886
olio su tela, 65 × 81 cm
firmato e datato in basso a destra:
"Claude Monet 86"
Acquistato nel 1898 da S.I. Šukin presso la galleria Durand-Ruel, Parigi; nel 1948 acquisito dal Museo Puškin (inv. 3310)

3. *La cattedrale di Rouen al tramonto,* 1894
olio su tela, 100 × 65 cm
firmato e datato in basso a sinistra:
"Claude Monet 94"
Acquistato nel 1902 da S.I. Šukin presso la galleria Durand-Ruel, Parigi; nel 1948 acquisito dal Museo Puškin (inv. 3312)

4. *Ninfee bianche,* 1899
olio su tela, 89 × 93 cm
firmato e datato in basso a destra:
"Claude Monet 99"
Fino al 1918 nella collezione di S.I. Šukin, Mosca; nel 1948 acquisito dal Museo Puškin (inv. 3309)

5. *Vétheuil,* 1901
olio su tela, 90 × 92 cm
firmato e datato in basso a sinistra:
"Claude Monet 1901"
Acquistato nel 1902 da S.I. Šukin presso la galleria Durand-Ruel, Parigi; nel 1948 acquisito dal Museo Puškin (inv. 3314)

Edouard Manet
Parigi 1832-1883

Dopo un'educazione classica si avvia alla carriera di ufficiale di marina, ma ben presto cede alla sua vera inclinazione: comincia allora, tra il 1850 e il 1856, a prendere lezioni di pittura presso lo studio di T. Couture, interessandosi, però, ai maestri antichi e alla costruzione tonale. Ha un primo successo al Salon del 1861, ma in seguito l'eccessiva novità della sua pittura, tutta risolta sull'abolizione dei chiaroscuri e dei volumi e costruita col colore, provoca rifiuti e scandali negli ambienti ufficiali.
Si avvicina, così, al gruppo degli impressionisti, che peraltro ammiravano la sua opera, ma solo negli anni settanta la sua pittura accoglierà qualche influsso di questa corrente. I temi preferiti di Manet sono i ritratti e le scene di genere, dove manifesta la peculiare capacità di penetrazione psicologica e l'audacia delle scelte compositive.

6. *La barricata,* 1871
litografia, 460 × 334 mm
inv. 17843
Leymarie, Melot 1971, M. 77
Provenienza: pervenuto al Museo Puškin prima del 1929

Manet ha lasciato neppure una ventina di stampe eseguite con la tecnica litografica: era decisamente più incline all'acquaforte. Dopo una prima esperienza nel 1862, l'artista si sarebbe di nuovo rivolto alla litografia solo sei anni dopo. *La barricata* è stata realizzata nel 1871, nel ricordo ancora bruciante dei tragici eventi della Comune di Parigi, così come un'altra litografia, intitolata *La guerra civile* (Leymarie, Melot 1971, M. 78) addirittura basata sul disegno fatto dal vivo per le vie di Parigi in quei sanguinosi giorni.
La barricata ha dunque il carattere di una testimonianza documentaria dove il pittore si presenta nel ruolo di testimone oculare: l'apparente imparzialità e l'"obiettività" nell'interpretazione del soggetto contribuiscono a rafforzare la sensazione della tragicità e dell'assurdità dell'avvenimento. Manet ricorre di nuovo a quel particolare schema compositivo (contrapposizione dei carnefici e delle vittime) che aveva

già usato in precedenza nel dipinto *L'esecuzione dell'imperatore Massimiliano* (Kunsthalle, Mannheim) e nell'omonima litografia realizzata nel 1867 (Leymarie, Melot 1971, M. 73).
Come già accennato, Manet non si distinse particolarmente nell'incisione grafica e i suoi lavori non venivano apprezzati dai contemporanei: *La barricata*, ad esempio, è stata stampata nella tipografia Lemercier solo dopo la morte dell'autore, nel 1884. (V.M.)

7. *Ritratto di Antonin Proust,* 1877-1880
olio su tela, 65 × 54 cm
firmato al centro a destra: "E.M."
Fino al 1918 nella collezione di I.S. Ostruchov, Mosca; nel 1948 acquisito dal Museo Puškin (inv. 3469)

Pierre-Auguste Renoir
Limoges 1841 – Cagnes-sur-Mer
1919

Inizia giovanissimo come decoratore di porcellana; nel 1862 si iscrive all'Ecole des Beaux-Arts di Parigi dove conosce Monet e Sisley. Sotto l'influsso della scuola di Barbizon i tre artisti cominciano a lavorare "en plein air", prima nel bosco di Fontainebleau e dopo ad Argenteuil; risale a quel periodo la realizzazione di *La grenouillère* (1869). Renoir dipinge soprattutto ritratti, scene animate della vita quotidiana della società parigina. Nel 1867 arriva il primo successo al Salon (*Lise con l'ombrello*, acquistato da K.E. Osthaus per il Folkwang Museum di Essen). Partecipa alle prime mostre degli impressionisti, frequenta Cézanne. Nel 1881 compie il primo viaggio in Italia, e in quel periodo si interessa all'arte di Raffaello e Ingres che lo spingono verso uno stile più lineare. Intorno al 1890 Renoir si avvicina nuovamente al colorismo, ma applicato a composizioni più meditate e classicheggianti. Nel 1903, a causa dell'acuirsi della gotta, si trasferisce a Cagnes-sur-Mer, dove continuerà a lavorare fino alla morte, nonostante le infermità derivanti dalla malattia.

8. *La grenouillère*, 1869
olio su tela, 59 × 80 cm
firmato in basso a sinistra:
"Renoir"
Acquistato nel 1908 da I.A. Morozov presso la galleria Vollard, Parigi; nel 1948 acquisito dal Museo Puškin (inv. 3407)

9. *In giardino (Sotto gli alberi del Moulin de la Galette)*, 1876
olio su tela, 81 × 65 cm
firmato in basso a destra: "Renoir"
Acquistato nel 1907 da I.A. Morozov all'asta della collezione di G.Viot presso la galleria Vollard, Parigi; nel 1948 acquisito dal Museo Puškin (inv. 3406)

10. *Ritratto dell'attrice Jeanne Samary*, 1877
olio su tela, 56 × 47 cm
firmato in alto a sinistra:
"Renoir. 77"
Acquistato nel 1904 da I.A. Morozov presso la galleria Vollard, Parigi; nel 1948 acquisito dal Museo Puškin (inv. 3405)

11. *Donna sdraiata* (1906)
acquaforte, 139 × 199 mm firmato in basso a destra: "Renoir"
inv. 121180
Delteil 1923, XVII, 15
Provenienza: A.A. Sidorov, Mosca; pervenuto al Museo Puškin nel 1969 (dono del precedente)

Tra il 1903 e 1907 Renoir dipinse tre versioni di nudo femminile sdraiato sul sofà. In questa stampa, che viene datata all'anno 1906, è stata ripetuta la stessa composizione di un olio del 1903 (ora in collezione privata). La modella è Gabrielle Renard, domestica in casa Renoir. Esistono altre due incisioni dello stesso tema (Delteil 1923, XVII, 13, 14). Il pittore faceva continui esperimenti con l'acquaforte, trovando ogni volta una nuova soluzione: se nella seconda variante (*ibidem*, 14) viene sottolineata la purezza e a un tempo la levità della linea prodotta dall'acquaforte, che fluisce intorno alla figura, al contrario nella terza stampa, qui presentata, l'incisore evita di definire i contorni, cercando di trasmettere la sensazione dello spazio libero e dell'aria. Renoir sa apprezzare la bianchezza della carta: nessuno come lui abbozza appena i piani spaziali, o arrotonda le forme con pochissimi tratti, brevi ed estremamente accurati.
Questa *Donna sdraiata* fu pubblicata nella *Storia degli artisti impressionisti* di Théodore Duret (Paris 1906) e successivamente (1907) nel giornale "Gazette des Beaux-Arts". (V.M.)

Pierre Puvis de Chavannes
Lione 1824 - Parigi 1898

Studia giurisprudenza; compie alcuni viaggi di studio in Italia dove gli rimane viva impressione delle opere di Tiziano e Veronese. Dal 1846, a Parigi, si avvicina da autodidatta alla pittura. Dalla metà degli anni sessanta comincia a riscuotere un certo successo, e riceve alcune grosse commissioni per imprese decorative su temi allegorici: i grandi dipinti su tela per il Panthéon e la Sorbona a Parigi, per il Museo di Lione ecc. Insieme a Moreau dirige un atelier-studio. La sua produzione consiste principalmente di cicli di pannelli murali con scene liriche: l'artista anela all'armonia ideale, nello spirito del neoclassicismo e del primo simbolismo. L'attenzione alla monumentalità dell'immagine, la sobrietà della composizione, la tendenza a suddividere il colore in piani diversi lo differenziano dai pittori contemporanei di genere storico, e anticipano l'apparizione di alcune nuove tendenze nell'arte. Esercita influenza su Gauguin, Denis e sul gruppo dei Nabis.

12. *Pescatore povero*, 1879
olio su tela, 66 × 91 cm
firmato e datato in basso a destra:
"P. Puvis de Ch./1879".
Schizzo per il dipinto omonimo del 1881 del Musée d'Orsay, Parigi (inv. RF 506).
Acquistato nel 1900 da S.I. Šukin presso la galleria Durand-Ruel, Parigi; nel 1948 acquisito dal Museo Puškin (inv. 3324)

13. *Studio per una figura femminile*, 1890-1898
matita nera su carta grigio-azzurra; griglia a matita, 470 × 225 mm
firmato a matita in basso a destra:
"P.P. Chavannes"
inv. 13310
Provenienza: A.A. Sidorov, Mosca; 1968, Museo Puškin (dono del precedente)

Il disegno è uno studio preparatorio per una successiva composizione a olio. Il reticolato a matita doveva facilitare la trasposizione della figura sulla tela; finora però non è stato ancora stabilito a quale opera preluda questo foglio. Puvis de Chavannes era comunque solito elaborare e approfondire molto scrupolosamente la propria idea compositiva prima di passare ai pennelli. Questa fase preparatoria solitamente lo impegnava più a lungo della pittura vera e propria.
L'idea iniziale della composizione veniva dunque fissata in un abbozzo che, di consueto, conteneva già i motivi principali del futuro quadro; dopo di che l'artista procedeva allo studio delle singole figure, componendole nelle pose corrispondenti al loro ruolo nella scena ideata. Puvis de Chavannes iniziava sempre col disegno del modello nudo, e solo in seguito lo raffigurava vestito (anche nel nostro disegno si può notare che la gonna è stata sovrapposta alla fine). Sul disegno finito il pittore tracciava il reticolato con l'aiuto del quale lo trasportava sulla tela; lavorando sulla tela si aiutava con un cartone oppure con uno schizzo dipinto.
Per il suo stile, lo studio preparatorio del Museo Puškin può essere datato agli anni novanta, cioè al periodo tardo della produzione dell'artista. Nei disegni di Puvis de Chavannes di questo periodo si nota una certa tendenza alla semplificazione: la raffigurazione dei soggetti si riduce alla sagoma tratteggiata in modo estremamente essenziale. (V.M.)

Edgar Degas
Parigi 1834-1917

Inizia la sua carriera secondo lo schema tipico dei pittori dei Salons: negli anni 1852-1855 studia all'Ecole des Beaux-Arts di Parigi e trae ispirazione dall'arte di Ingres e dei maestri del primo Rinascimento. Nel 1862 fa amicizia con Manet, conosce Monet, Renoir e Zola; in questo periodo nasce in lui l'interesse per i motivi della vita quotidiana. I suoi soggetti preferiti sono le corse dei cavalli, dal 1869 le lavandaie, dal 1872 i caffè, l'opera, le ballerine. Esercita una certa influenza su Toulouse-Lautrec. Partecipa regolarmente alle esposizioni degli impressionisti, ma a differenza di questi ultimi non si rivolge al paesaggio e non cerca di "cogliere l'attimo".
I soggetti come le ballerine e i nudi (dal 1882) sono per l'artista prima di tutto un'occasione di esercitazione formale. Da che, a partire dal 1880, la sua vista comincia a peggiorare, nelle sue opere si rafforza l'intensità del colore e le forme diventano sempre meno precise; in questo periodo Degas lavora prevalentemente con i pastelli. Dal 1898, diventato quasi completamente cieco, vive solitario a Parigi e si occupa di scultura.

14. *Ballerina dal fotografo*, 1875
olio su tela, 65 × 50 cm
firmato in basso a destra: "Degas"
Acquistato nel 1902 da S.I. Šukin presso P. Durand-Ruel, Parigi; nel 1948 acquisito dal Museo Puškin (inv. 3274)

15. *Dopo il bagno*, 1892 circa
carboncino e pastello, 371 × 438 mm (il foglio è stato raddoppiato)
firmato a carboncino sul lato sinistro, poco più sotto della metà del foglio: "degas"
inv.10442
Provenienza: G. Barbazanges, Parigi; 1912, I.S. Ostruchov, Mosca; 1918, Museo di Stato di iconografia e pittura Ostruchov, Mosca; 1929, Museo di Stato di arte moderna occidentale; 1948, Museo Puškin (acquisito dal precedente)

P.A. Lemoisne propone per questo studio, così come per alcune altre opere sullo stesso tema (Lemoisne 1946, nn. 1117-1121), una datazione intorno al 1892. Ma il motivo della donna che sta facendo il bagno, o che esce dalla vasca e simili, ha interessato il pittore sia negli anni precedenti sia in quelli successivi alla data ipotizzata. Esiste anche un disegno, che è probabilmente una controstampa, successivamente ultimata e rifinita, del disegno di Mosca.
Riguardo le figure di nudi femminili nel periodo tardo dell'arte di Degas, il critico russo Jacov Tugendhold individua tipologie generali: " donne che si pettinano", "donne che si lavano" e " donne nella vasca". Sono interessanti alcuni brani di questo saggio edito nel 1922 (*Edgar Degas e la sua arte*). "...il boudoir, la camera da letto o il bagno. (...) Sulla specchiera, sul lavabo, su un catino o su una vasca è chino un essere svestito di sesso femminile. Esso non sa affatto che lo state guardando, e perciò pettinandosi, strofinandosi o lavandosi non si cura dell'eleganza dei movimenti del proprio corpo (...). I suoi gesti sono graziosi solo perché sono spontaneamente graziosi i movimenti di qualsiasi animale domestico, di qualsiasi giovane femmina...(...) Al culto del nudo accademico, banale e mellifluo, Degas ha contrapposto una natura nuda piena di carattere e di vita". E continua dicendo che il corpo femminile era diventato per Degas "un semplice oggetto di studio e di osservazione, così come un qualsiasi altro oggetto, animato o inanimato. (...) Il pittore (...) ci mostra una nudità moderna, la nudità di una donna di città svestita, in tutta la verità della sua intimità privata".
Prendendo spunto da un'annotazione dello stesso Degas, secondo la quale era come se egli spiasse le sue modelle attraverso il buco della serratura, Tugendhold scrive: "egli spia attraverso questo buco della serratura non come un erotomane, ma come un ricercatore, con piena e seria coscienza delle proprie ragioni, poiché le donne sono vere e naturali solo quando colte di sorpresa. La stanza da bagno qui ha lo stesso ruolo del camerino di teatro, sia qua che là la donna si trova "dietro le quinte", so-

la con se stessa, le sue abitudini, i suoi modi e gesti soliti. (...) Alla stessa maniera nella serie delle danzatrici, Degas studia il corpo femminile non solo dal punto di vista della sua caratterizzazione sociale, ma anche in rapporto alla dinamicità del suo essere. Le donne di Degas non si trovano mai in stato di quiete, di ozio e di languida pigrizia: sono sempre in movimento. (...) Degas studia i gesti legati al 'lavoro' della donna sul proprio corpo, quando si prepara per vestirsi, così come delle ballerine studiava i movimenti del corpo che preludevano all'inizio della danza. Le donne di Degas si mettono in ordine, e il pittore è abile a cogliere in queste semplici funzioni ciò che vi è di più caratteristico, di più tipico e spontaneo. Perché con tutta la loro modernità, nelle donne di Degas è presente qualcosa di ampiamente simbolico, universale, animalesco" (Prokof'ev 1971, pp. 33-36). (V.M.)

Vincent Van Gogh
Groot Zundert 1853 – Auvers-sur-Oise 1890

Figlio di un pastore protestante olandese, nel 1869-1875 è impiegato presso un mercante d'arte prima all'Aia, poi a Londra e Parigi. Nel 1876 è predicatore a Londra, ma nei suoi studi teologici raccoglie solo insuccessi. Nel 1878 predica nelle cave di carbone nel Borinage. Dal 1880 decide di dedicarsi alla pittura: nel 1882 lavora in un atelier all'Aia, nel 1883-1885 lo ritroviamo nella nativa Zundert, dove dipinge i *Mangiatori di patate*. Nel 1886 si trasferisce da suo fratello Theo a Parigi, coinvolto dalle teorie dell'impressionismo e del pointillisme. Nel 1888 è ad Arles, dove elabora un suo stile personale denso di antichi ricordi rivissuti pittoricamente nei colori squillanti della luce del sud; in autunno va a trovarlo Gauguin. Poco dopo è vittima di una crisi di follia. Nel 1889 decide di farsi curare in un ospedale per malati di mente a Saint-Rémy, e vi dipinge il *Ritratto del dottor Rey*. Nel 1890 si trasferisce ad Auvers-sur-Oise, dove l'amicizia del dottor Gachet lo sostiene nelle sue crisi sempre più frequenti, ma nel luglio del 1890, due giorni dopo un tentativo di suicidio, Van Gogh muore.

16. *Ritratto di fanciulla*, luglio 1888
penna su tracciato a matita,
325 × 245 mm
scritta dell'artista a penna lungo il lato destro: "fond blanc teinté fortement de Véronèse chairs gris jaune cheveux sourcils noirs yeux bruns / jaquette rayée rouge sang et violet jupe fond bleu de roi à gros pointillé orange jaune / branche de laurier rose dans la main ruban vermillon dans les cheveux"
inv. 10555
Provenienza: Emile Bernard, Parigi (?); Galleria Druet, Parigi; Hôtel Drouot, Parigi; Museo di belle arti (in seguito Museo di Stato di arti figurative); 1932, Museo di Stato di arte moderna occidentale; 1948, Museo Puškin (acquisito dal precedente)

Il disegno è in rapporto col ritratto a olio noto come *La mousmé* (Washington, National Gallery) cui Van Gogh lavorò ad Arles nel luglio del 1888: in una lettera a Emile Bernard, scritta con ogni probabilità il 28 luglio del 1888, Van Gogh comunica di avere appena finito il ritratto di una fanciulla di dodici anni (Charensol 1960, p. 549); della stessa opera si parla in una lettera che il pittore scrisse al fratello Theo il 29 luglio: "Ora, se sai chi sono le mousmé (e ti sarà chiaro leggendo *Madame Chrysanthème* di Loti ho finito di dipingerne una. Ciò mi ha tenuto occupato un'intera settimana – non riuscivo a fare nient'altro (...). La mousmé è una fanciulla giapponese – provenzale in questo caso – di 12-14 anni (...) (*ibidem* 1960, p. 374). Si ritiene che il disegno del Museo Puškin sia stato eseguito, come faceva spesso Van Gogh, sulla base del dipinto già ultimato: probabilmente era destinato a qualcuno dei corrispondenti del pittore (forse Emile Bernard), e doveva dare un'idea generale della composizione e della gamma di colori del quadro. In questo modo si possono spiegare le annotazioni del pittore sul lato destro. Sono noti altri due fogli legati al dipinto di Washington, uno dei quali, raffigurante la testa della stessa modella (De La Faille 1970, n. 1503), è stato mandato a Russell: si suppone che anche questo disegno sia stato realizzato in un momento successivo rispetto al quadro. Invece lo studio della collezione del Louvre, simile per composizione al disegno del Puškin, è probabilmente precedente al quadro, dato che la modella è raffigurata senza il fiore, che apparirà solo nella stesura definitiva. Comunque sia, tutti e tre i disegni sono databili al luglio del 1888. (V.M.)

17. *Ritratto del dottor Felix Rey*, 1889
olio su tela, 64 × 53 cm
firmato e datato in basso a destra: "Vincent / Arles / 89"
Acquistato nel 1908 da S.I. Šukin presso la galleria Druet, Parigi; nel 1948 acquisito dal Museo Puškin (inv. 3272).
L'identità del soggetto ritratto è stata definita da V.A. Sidorova nel 1926.

18. *La ronda dei carcerati*, 1890
olio su tela, 80 × 64 cm
Acquistato nel 1909 da I.A. Morozov presso la galleria Druet, Parigi; nel 1948 acquisito dal Museo Puškin (inv. 3373)

Paul Gauguin
Parigi 1848 – Atuona Hiva-Oa (Isole Marchesi) 1903

Fra il 1865 e il 1871 il giovane Gauguin è impiegato di banca, con una buona carriera davanti a sé. Padre di famiglia, conduce la vita regolare di un borghese perbene. Dal 1874 comincia a occuparsi, nel tempo libero, di arte e di pittura. Nel 1883 abbandona definitivamente l'impiego in banca e nel 1885 decide di lasciare la famiglia. L'anno seguente parte alla volta della Bretagna, dove, a Pont-Aven, incontra Emile Bernard, con il quale inizia una fruttuosa collaborazione artistica dalla quale nascerà il sintetismo.
La scuola di Pont-Aven esercita un notevole influsso su artisti del calibro di Sérusier, Denis e Bonnard. Nel 1887 Gauguin va in viaggio a Panama e sull'isola di Martinica. Nel 1888 lavora insieme a Van Gogh ad Arles, e nel periodo compreso fra il 1891 e il 1893 si reca per la prima volta a Tahiti: vive tra gli indigeni e restituisce in pittura il loro primitivo modo di vivere.
La malattia e la mancanza di mezzi di sussistenza lo costringono a ritornare a Parigi, ma nel 1895 parte una seconda volta per Tahiti, dove sarebbe rimasto fino al 1901, oppresso dalle malattie, in perenne stato di depressione e di miseria. Nel 1901 si trasferisce sull'isola Dominica, ma le sue condizioni fisiche e psichiche sono ormai insanabili. Morirà l'8 maggio 1903.

19. *Te tiare Farani (Fiori di Francia)*, 1891
olio su tela, 72 × 92 cm
firmato e datato in basso a sinistra: "P. Gauguin 91"
scritta in basso a destra sul tavolo: "Te tiare Farani"
Acquistato nel 1908 da I.A. Morozov presso la galleria Vollard, Parigi; nel 1948 acquisito dal Museo Puškin (inv. 3370)

20. *Aha oe feii (Sei gelosa?)*, 1892
olio su tela, 66 × 89 cm
firmato e datato in basso al centro: "P. Gauguin 92"
scritta in basso a sinistra: "aha oe feii"
Dal 1908 nella collezione di S.I. Šukin; acquisito nel 1948 dal Museo Puškin (inv. 3269)

21. *Manau Tupapau (Lei pensa ai fantasmi. Lo spirito dei morti non dorme)*, inverno 1893-1894
xilografia a colori, 205 × 355 mm
siglato in basso a sinistra: "P G O"; in alto a sinistra: "Manau / Tupapau"
inv. 17287
Kornfeld 1988, 20 IV D
Provenienza: pervenuto al Museo Puškin prima del 1929

Questa incisione fa parte delle dieci illustrazioni che dovevano corredare il libro di Gauguin *Noa Noa*. Il pittore era tornato da Tahiti a Parigi nell'agosto del 1893, e già a settembre-ottobre aveva iniziato a scrivere il libro (più tardi avrebbe chiamato come coautore e revisore il poeta Charles Morice). Si sono conservate tre varianti del manoscritto (una delle quali è al Louvre) e dieci illustrazioni (sette composizioni orizzontali e tre verticali). Tutte le tavole erano state ultimate verso il maggio del 1894. Non si sa in che ordine Gauguin volesse disporre queste illustrazioni nel libro che stava preparando; è possibile anche che questo ordine non sia mai stato deciso in modo definito (diversi studiosi propongono varie versioni). La relazione tra le immagini e il testo è molto labile. Se la narrazione di Gauguin in prima persona ha un concreto carattere autobiografico (si tratta dei ricordi del soggiorno a Tahiti negli anni compresi fra il 1891 e il 1893), le incisioni ci portano invece in un mondo enigmatico e misterioso, quel mondo delle visioni notturne create dall'immaginazione del pittore. Nelle illustrazioni ci sono anche molte allusioni alle opere collegate al precedente periodo tahitiano del pittore.
Alla base dell'incisione *Manau Tupapau* compare un soggetto che Gauguin aveva già usato nell'omonimo quadro dipinto a Tahiti alla fine del 1892 (Wildenstein 1964, n. 457).

Facendo riferimento a quest'ultimo il pittore scrisse alla moglie da Tahiti l'8 dicembre del 1892: "Ho dipinto una ragazza nuda (...). Ho dato al suo viso un'espressione un po' impaurita. Bisogna far vedere la causa di questo spavento, oppure si deve spiegarlo indagando il carattere della tahitiana stessa. Secondo la tradizione questo popolo ha molta paura dei fantasmi. Ma io dovevo spiegare la paura della ragazza utilizzando il meno possibile i mezzi letterari che di solito si usavano nel passato. (...) Sullo sfondo sono sparsi dei fiori, ma sono solo fiori immaginari e quindi non devono sembrare reali: allora li ho dipinti come se fossero delle scintille. I polinesiani credono che ogni luce della notte provenga dagli spiriti dei morti. Credono in essi e ne hanno terrore. Alla fine ho dipinto un fantasma molto semplice, una piccola innocua vecchietta" (Malingue 1946, n. CXXXIV, pp. 237-238).

In un altro suo manoscritto, *Cahier pour Aline*, che contiene un capitolo intitolato *L'origine del quadro*, Gauguin spiega: "Secondo le credenze tahitiane il nome Manau Tupapau ha un doppio senso (...): o è lei che pensa al fantasma del morto o è il fantasma del morto che pensa a lei". Il pittore ha definito il significato simbolico del quadro del 1892 come "il fantasma di un'anima viva, unita con il fantasma della Morte. Giorno e notte" (Damiron 1963).
Nella nostra incisione lo spirito dei morti – Tupapau – è raffigurato in alto a destra, e si possono riconoscere anche i fiori in forma di scintille fosforescenti che comparivano nell'omonimo dipinto. Ma la posizione del corpo è completamente diversa: se nella tela la ragazza è stesa sul letto, nell'incisione è rannicchiata, con il viso coperto da una mano; una formula plastica che riesce ad esprimere la paura con molta più forza e pregnanza. La variante pittorica della composizione è stata la base di una litografia eseguita non più tardi del marzo del 1894 (*Manau Tupapau*, Kornfeld 1988, 23), e la particolare posa della donna trovata nell'illustrazione per il libro *Noa Noa* è stata più tardi usata in un'altra xilografia con lo stesso titolo (Kornfeld 1988, 29).

Le incisioni di *Noa Noa* sono note in quattro diverse versioni. Per quanto riguarda la quarta, cioè quella del Museo Puškin, si possono individuare a loro volta quattro diverse tirature, che differiscono l'una dall'altra per la gamma di colori, la qualità della carta e altre caratteristiche. La copia nella nostra collezione è da riferire alla tiratura stampata nella primavera-estate del 1894 dal tipografo Louis Rouat. In quella occasione da ogni tavola erano state tirate 25-30 stampe in diversi colori su una spessa carta giapponese di un particolare color marrone; la tonalità dominante era quella del nero. Nella copia dell'incisione del Puškin il nero viene completato dal giallo e da un arancione-mattone. Le grandi macchie di colore acceso si apportavano sulla lastra con stampini sagomati nella forma voluta. Nel nostro caso l'ordine di stampa dei colori è stato il seguente: giallo, nero, arancione. (V.M.)

22. *Autoritratto*, 1890? 1894?
olio su tela, 46 × 37 cm
firmato in basso a sinistra: "P. Go"
Dopo il 1906 nella collezione di S.I. Šukin; nel 1948 acquistato dal Museo Puškin (inv. 3264)

23. *Eiaha ohipa (Non lavorare).*
Tahitiani nella stanza, 1896
olio su tela, 65 × 75 cm
firmato e datato in basso a sinistra: "Eiaha ohipa – P. Gauguin 96"
Fino al 1918 nella collezione di S.I. Šukin; nel 1948 acquistato dal Museo Puškin (inv. 3267).
Il titolo "Non lavorare" è stato introdotto da M.A. Bessonova in base alla traduzione esatta della frase "Eiaha ohipa" da parte di B. Danielson e all'interpretazione del dipinto.

24. *Guado (Fuga)*, 1901
olio su tela, 76 × 95 cm
firmato e datato in basso a destra: "Paul Gauguin 1901"
Intorno al 1906 acquistato da S.I. Šukin presso G. Faille, Parigi; nel 1948 acquisito dal Museo Puškin (inv. 3270)

Henri Rousseau
Laval 1844 – Parigi 1910

Dopo il 1871 è in servizio alla dogana di Parigi e come pittore autodidatta si occupa delle problematiche dell'arte contemporanea. Dal 1886 espone quasi regolarmente al Salon des Indépendants. I suoi quadri, che a un primo sguardo devono essere sembrati ingenui, all'inizio incontrano la derisione della critica. Nel 1891 un'esposizione dei primi paesaggi esotici suscita un certo interesse di pubblico e di critica. Scrive inoltre drammi teatrali e organizza serate letterarie. Nel 1905 espone al Salon d'Automne. Le sue opere dalla figurazione primitiva attraggono i giovani pittori e letterati del suo tempo, tanto che nel 1908 Picasso organizza in suo onore un banchetto al Bâteau-Lavoire.
Dopo la morte di Rousseau si apre una retrospettiva al Salon des Indépendants, e nel 1910 le sue opere vengono esposte alla mostra del Blaue Reiter a Monaco.

25. *Giaguaro che attacca un cavallo*, 1910
olio su tela, 90 × 116 cm
firmato in basso a destra: "Henri Rousseau"
Acquistato nel 1913 da S.I. Šukin presso la galleria Vollard, Parigi; nel 1948 acquisito dal Museo Puškin (inv. 3351)

26. *Veduta del parco di Monsouris*, 1910
olio su tela, 46 × 38 cm
firmato in basso a sinistra: "H. Rousseau"
Fino al 1918 nella collezione di S.I. Šukin; nel 1948 acquisito dal Museo Puškin (inv. 3332)

Alfred Sisley
Parigi 1839 – Moret-sur-Loing 1899

Di origine inglese, nasce a Parigi. Negli anni 1857-1861 riceve un'istruzione commerciale a Londra; si interessa dell'arte di Turner e Constable, e decide di diventare pittore. Studia all'Ecole des Beaux-Arts a Parigi, fa amicizia con Monet, Renoir e Pissarro, insieme ai quali abbandona nel 1863 la scuola e comincia a dipingere dal vivo, lavorando "en plein air". All'inizio degli anni settanta comincia il periodo più produttivo della sua attività, che vede l'adesione alle teorie impressioniste. Nel 1874 passa un lungo periodo in Inghilterra, dove acquisisce particolari toni luministi. Dal 1871 conduce una vita molto riservata, vivendo in campagna a Louveciennes, poi a Marly-le-Roy e a Sèvres, a Moret-sur-Loing; dipinge i paesaggi dell'Ile-de-France: a Argenteuil, Villeneuve-la-Garenne, Bougival. Solo dopo la morte i suoi dipinti avrebbero trovato la meritata fortuna.

27. *Il giardino di Ernst Hoschede a Montgeron*, 1881
olio su tela, 56 × 74 cm
firmato in basso a destra: "Sisley"
Acquistato nel 1904 da I.A. Morozov presso la galleria di Durand-Ruel, Parigi; nel 1948 acquisito dal Museo Puškin (inv. 3421)

28. *Radura nel bosco a Fontainebleau*, 1885
olio su tela, 60 × 73 cm
firmato e datato in basso a destra: "Sisley 85"
Acquistato nel 1905 da I.A. Morozov presso la galleria di Durand-Ruel, Parigi; nel 1948 acquisito dal Museo Puškin (inv. 3422)

Paul Signac
Parigi 1863-1935

Senza preparazione artistica sistematica, inizia a dipingere nel 1882 "en plein air", sotto l'influsso degli impressionisti, soprattutto di Monet. Nel 1884 i suoi quadri vengono respinti dal Salon ed è uno dei fondatori della Société des Artists Indépendants. Frequenta e collabora con Seurat elaborando con lui i principi del pointillisme e facendone successivamente propaganda. Nel 1886 partecipa alla prima esposizione dei divisionisti. Esercita una certa influenza su Van Gogh e, più tardi, anche sulla giovane generazione dei Fauves. Nel 1896 si stacca dai rigidi metodi scientifici di Seurat per seguire una propria personale variante del divisionismo. Nel 1898 studia a Londra l'arte di Turner. Nel 1904-1907 viaggia in Italia, in Grecia, a Istanbul. Dal 1913 si trasferisce ad Antibes: appassionato velista, dà preferenza, nei suoi dipinti, a marine e vedute portuali.

29. *Spiaggia sabbiosa a Saint-Brieuc. Op. 212*, 1890
olio su tela, 65 × 81 cm
firmato e datato in basso a sinistra:
"P. Signac 90"
scritta in basso a destra: "Op. 212"
Dal 1891 nella collezione
di S.I. Šukin; nel 1948 acquisito
dal Museo Puškin (inv. 3342)

30. *All'epoca dell'armonia*
(1895-1896)
litografia su zinco a colori,
375 × 500 mm
firmato in basso a destra:
"P.Signac"
inv. 112587
Kornfeld, Wick 1974, 14
Provenienza: Museo di Stato di
arte moderna occidentale; 1948,
Museo Puškin (acquisito dal
precedente)

Questa litografia è stata realizzata su modello dell'omonimo quadro, al quale il pittore aveva lavorato negli anni 1893-1895 (attualmente si trova nel municipio della città di Montreuil, in Francia). La stampa era destinata a una pubblicazione anarchica, *Les Temps Nouveaux* dell'ideologo Kropotkin, ma alla fine non fu più utilizzata; questo potrebbe spiegare la sua rarità (si ha notizia infatti di pochissime copie in alcuni musei e collezioni private). Jean Grave, editore parigino della rivista "Les Temps Nouveaux" (negli anni 1895/96-1914), fu una delle figure più importanti del movimento anarchico-comunista francese. Per la propaganda delle proprie idee politiche, egli riuscì a ottenere la collaborazione al suo progetto editoriale di alcuni famosi pittori e, in primo luogo, dei neoimpressionisti, come Signac, H.-E. Cross, M. Luce e altri. Oltre al giornale, per il quale venivano commissionate le illustrazioni, Grave stampava anche litografie di formato maggiore. La litografia *I demolitori* (Kornfeld, Wick 1974, 15), eseguita da Signac per Grave nel 1896, dimostra fino a che punto il pittore fosse coinvolto personalmente nell'ideologia anarchica e può essere interpretata come un'allegoria dell'operaio che "demolisce" il sistema capitalistico. In tale contesto e secondo questa particolare visione politica può essere capita anche *All'epoca dell'armonia*: la raffigurazione di una felice convivenza degli uomini in seno alla natura, una visione positiva della società del futuro, un'anarchica utopia sociale opposta alla mostruosità e all'ingiustizia del moderno mondo borghese. Anche nel titolo completo del dipinto da cui è stata tratta la litografia rivela eloquentemente le idee di Signac: *Au temps d'harmonie. L'âge d'or n'est pas dans le passé, il est dans l'avenir.* Con questo titolo l'opera venne esposta al Salon des Indépendants nel 1895.
Il ritmo calmo e tutta la struttura compositiva di questo lavoro fanno sentire l'influenza delle pitture parietali di Puvis de Chavannes. (V.M.)

31. *Il pino di Bertaud. Saint-Tropez*,
1909
olio su tela, 72 × 92 cm
firmato e datato in basso a destra:
"P. Signac 1909"
sul retro del telaio la scritta
dell'autore: "Paul Signac. Le Pin
de Bertaud st Tropez 1909"
Fino al 1918 nella collezione
di S.I. Šukin; nel 1948 acquisito
dal Museo Puškin (inv. 3341)

Odilon Redon
Bordeaux 1840 – Parigi 1916

Studia pittura da Léon Gérôme a Parigi. Nel 1863 a Bordeaux conosce R. Bresdin, sotto la cui guida Redon comincia ad avvicinarsi alle tecniche del disegno e della litografia. Le sue prime opere sono ancora ispirate dalla tradizione del romanticismo. Tra il 1870 e il 1895 Redon realizza moltissimi disegni a carboncino e litografie: i cosiddetti *Les Noirs*, come li chiama il pittore stesso (comprese anche le serie di litografie *Nel sonno*, 1879; *Le origini*, 1883; *La tentazione di sant'Antonio*, 1888, 1889, 1896). In queste opere comincia a evidenziarsi il suo talento di pittore visionario, attratto dal mondo fantastico e onirico, dalla sfera dell'inconscio. A partire dal 1890 Redon sempre più spesso si dedica alla pittura a olio e al pastello, e il colore diventa un importantissimo mezzo espressivo. Negli anni compresi fra il 1900 e il 1910 l'artista si dedica a ritratti a pastello, composizioni di fiori, soggetti mitologici e religiosi, decorazioni. Le opere letterarie di Redon, *Diario* e *Note*, sono state edite nel 1922 con l'unico titolo di *A me stesso*. Nella vita artistica del suo tempo Odilon Redon occupava un posto abbastanza isolato, ma l'originalità della sua arte ha catturato l'interesse degli impressionisti.

32. *Schizzo per la copertina
della rivista "Vesy"*, 1904
carboncino, matita nera; il foglio
è costituito da due parti incollate:
il disegno è su carta marrone
chiaro e l'iscrizione su carta
azzurrognola, 445 × 359 mm
firmato a matita in basso a destra:
"Od. R."
inv. 10282
Provenienza: S.A. Poljakov,
Mosca; 1924, Museo di Stato di
arte moderna occidentale; 1948,
Museo Puškin (acquisito dal
precedente)

"Vesy" (cioè "bilancia"), rivista di arte e letteratura, veniva edita mensilmente dalla casa editrice Skorpion. Era l'organo programmatico dei simbolisti russi, vi collaboravano scrittori e poeti come Valerij Brjussov, Konstantin Bal'mont, Andrej Belij, Maximilian Vološin. Redon fu incaricato di eseguire il progetto grafico della rivista per tramite di Vološin, che si trovava allora a Parigi. Questo disegno fu riprodotto tre volte, sulla copertina dei numeri IV, V e VI del 1904: prima nella tonalità del nero, poi in quella del rosso-marrone e infine in quella del marrone-verdognolo. Sotto a destra è raffigurato il logo della rivista, ovvero il segno zodiacale della bilancia. Oltre alla copertina Redon eseguì per "Vesy" anche tutta una serie di piccoli disegni e motivi ornamentali, che fungevano da elementi di decorazione delle pagine della rivista: tutti gli schizzi originali (14 fogli) si conservano oggi al Museo Puškin.
Nei numeri a cui Redon collaborò hanno trovato spazio anche alcuni articoli dedicati al pittore francese e ai suoi scritti autobiografici. (V.M.)

33. *Vignetta per la rivista "Vesy":
Composizione III (Nudo)*, 1904
inchiostro a pennello, 63 × 204
mm (240 × 312 mm il foglio)
firmato con inchiostro viola
in alto a destra: "Od. R."
inv. 10268
Provenienza: S.A. Poljakov,
Mosca; 1924, Museo di Stato di
arte moderna occidentale; 1948,
Museo Puškin (acquisito dal
precedente)

Vedi scheda 32.
Il disegno è stato riprodotto nel numero V della rivista "Vesy" (maggio 1904) alla pagina 17, come vignetta a corredo dell'articolo di Vjačeslav Ivanov *Nietzsche e Dioniso*. (V.M.)

34. *Vignetta per la rivista "Vesy":
Composizione IX (Testa)*, 1904
penna su carta giallastra, 75 × 207
mm (244 × 326 mm il foglio)
firmato a penna in basso
a sinistra: "Od. R."
inv. 10293
Provenienza: S.A. Poljakov,
Mosca; 1924, Museo di Stato di
arte moderna occidentale; 1948,
Museo Puškin (acquisito dal
precedente)

Vedi scheda 32.
Il disegno è stato riprodotto nel numero IV della rivista "Vesy" (aprile 1904) alla pagina 17 come vignetta a corredare l'articolo di Ivan Račinski *Hugo Wolf*. (V.M.)

Paul Cézanne
Aix-en-Provence 1839-1906

Nel 1859 studia giurisprudenza a Aix-en-Provence, nel 1861 abbandona l'università e si reca a Parigi, desideroso di ricevere un'istruzione artistica. Fa amicizia con Zola, conosce Pissarro, Monet, Sisley e Renoir. Fino al 1870 sente forte l'influsso di Courbet e di Manet; successivamente, influenzato probabilmente dall'arte di Pissarro, si rivolge con attenzione alla pittura "en plein air", a Pontoise. Nel 1872-1874 vive a Auvers-sur-Oise.
Fino al 1882 va incontro a continui insuccessi sia al Salon d'Automne sia al Salon des Refusés, e per questo motivo si rinchiude sempre di più nella solitaria vita di provincia. Si allontana dall'impressionismo, elabora un proprio linguaggio artistico individuale nella rappresentazione dei paesaggi e delle nature morte, ridotti a forme essenziali e geometrizzanti, in opere dove i motivi si ripetono: nel 1892 a Fontainebleau dipinge *I giocatori di carte*, nel 1897 realizza le serie con la *Montagna Sainte-Victoire* e *La cava di pietra a Bibemusse*, nel 1905 conclude *Le grandi bagnanti*. Soltanto al Salon d'Automne del 1904 i suoi quadri vengono apprezzati da pubblico e critica, ottenendo un notevole successo.

35. *Autoritratto*, 1882-1885
olio su tela, 45 × 37 cm
firmato in basso a destra:
"P. Cézanne"
Fino al 1918 nella collezione di S.I. Šukin; nel 1948 acquisito dal Museo Puškin (inv. 3338)

36. *Castagni e fattoria al Jas de Bouffan*, 1885-1887
olio su tela, 72 × 91 cm
Acquistato nel 1911 da I. A. Morozov presso la galleria Vollard, Parigi; nel 1948 acquisito dal Museo Puškin (inv. 3413)

37. *Il fumatore di pipa*, 1890-1892
olio su tela, 91 × 72 cm
Fino al 1918 nella collezione di S.I. Šukin; nel 1948 acquisito dal Museo Puškin (inv. 3336)

38. *Pesche e pere*, 1890-1894
olio su tela, 61 × 90 cm
Acquistato nel 1912 da I.A. Morozov presso la galleria Vollard, Parigi; nel 1948 acquisito dal Museo Puškin (inv. 3415)

39. *Ponte sopra lo stagno*, 1898 circa
olio su tela, 64 × 79 cm
Acquistato nel 1911 da I.A. Morozov presso la galleria Vollard, Parigi; nel 1948 acquisito dal Museo Puškin (inv. 3417)

Edouard Vuillard
Cuiseaux 1868 – La Baule 1940

È in rapporti di amicizia con Denis e Russel, suoi compagni di liceo. Nel 1888 studia all'Académie Julian. Sotto l'influenza di Sérusier, nel 1889 diventa membro del gruppo dei Nabis. Nel 1891 condivide l'atelier con Denis e Bonnard, collaborando soprattutto con quest'ultimo. Nel 1891-1893 elabora uno stile personale, caratterizzato da colori chiari e dal recupero del naturalismo formale e compositivo. Col passare degli anni viene scemando la componente simbolica e decorativa, e i temi si ripetono in serie di interni, scene di vita quotidiana e borghese, ritratti. Dal 1892 crea numerosi pannelli decorativi.

40. *Sul sofà (Nella stanza bianca)*, 1890-1893
olio su cartone su legno, 32 × 38 cm
firmato in basso a sinistra:
"E. Vuillard"
Acquistato nel 1908 circa da I.A. Morozov presso la galleria Bernheim-Jeune, Parigi; nel 1948 acquisito dal Museo Puškin (inv. 3441)

41. *In giardino*, 1895-1898
tempera su cartone, 51 × 83 cm
firmato in basso a destra:
"E. Vuillard"
Nella collezione del principe S.A. Šerbatov, Mosca; dal 1918 al Museo Rumjancev; dal 1924 al Museo di belle arti (in seguito Museo di Stato di arti figurative); dal 1925 al Museo di Stato di arte moderna occidentale; nel 1948 acquisito dal Museo Puškin (inv. 3447)

Camille Pissarro
Saint-Thomas (Isole Vergini) 1830 – Parigi 1903

Dal 1855 riceve l'istruzione artistica a Parigi, dove conosce Monet e Cézanne. È fortemente influenzato da Corot, e nel 1871, a Londra, s'interessa all'arte di Constable: lo attirano soprattutto la raffigurazione della luce del primo e la solidità nella costruzione compositiva del secondo. Intorno al 1880 la sua linea acquista modi espressivi liberi da ogni accademismo, e comincia a godere di una certa fama nella cerchia degli impressionisti, partecipando a tutte le esposizioni collettive. Cerca inoltre di aiutare e tutelare molti giovani pittori, esercita un importante influsso su Cézanne, con il quale lavora spesso a Pontoise, aiuta Gauguin, sostiene la svolta di Seurat e di Signac verso i modi espressivi del pointillisme e, per un certo periodo, negli anni 1886-1888, egli stesso è attratto da questa tecnica. Per tutta la vita rincorre un'esistenza tranquilla e solitaria in campagna; dal 1872 vive a Pontoise, dal 1884 a Eragny; dipinge i paesaggi e i giardini dell'Ile-de-France. Negli anni novanta compie alcuni viaggi ed elabora varie vedute urbane; negli anni 1897-1903 realizza una serie di vedute di Parigi.

42. *Mattino d'autunno a Eragny*, 1897
olio su tela, 54 × 65 cm
firmato e datato in basso a sinistra:
"C. Pissarro 97"
Acquistato nel 1907 da I.A. Morozov all'asta della collezione di G. Viot presso la galleria Durand-Ruel, Parigi; nel 1948 acquisito dal Museo Puškin (inv. 3403)

43. *Avenue de l'Opéra. Effetto di neve. Mattino*, 1898
olio su tela, 65 × 82 cm
firmato e datato in basso a destra:
"C. Pissarro 98"
Fino al 1918 nella collezione di S.I. Šukin; nel 1948 acquisito dal Museo Puškin (inv. 3323)

44. *L'aratro* (1898)
litografia a colori, 233 × 151 mm
firmato sul bordo a destra:
"C. Pissarro"
inv. 79588
Delteil 1923, XVII, 194
Provenienza: pervenuto al Museo
Puškin nel 1930

Pissarro, più di altri esponenti del
movimento impressionista, prestò
attenzione all'incisione grafica: creò
più di duecento stampe, fra acqueforti, acquetinte e litografie.
L'aratro ha illustrato il frontespizio
della brochure *Les Temps Nouveaux*
di Pëtr Kropotkin, importante ideologo dell'anarchismo. La brochure
venne edita da Jean Grave che pubblicò negli anni 1895/96-1914 un
settimanale con lo stesso titolo
cui collaborarono alcuni pittori, come P. Signac, M. Luce, H.-E. Cross
e T. Syeinlehn. Nel 1896 Pissarro,
che da lungo tempo intratteneva con
Grave rapporti di stima e di sincera
amicizia, fece stampare presso la sua
casa editrice due litografie: *Donne
che raccolgono la legna* (Leymarie,
Melot 1971, P. 174) e *I vagabondi*
(*ibidem*, P. 175). Come la più tarda
litografia *L'aratro*, queste due opere
di Pissarro, anche se prive di quel
particolare pathos propagandistico,
in sostanza rispondevano al compito
che Jean Grave proponeva ai pittori,
ovvero la raffigurazione della vita
dei lavoratori e dei poveri. E Pissarro, in linea con la tradizione di Mil-
let, rimase sempre fedele agli ideali
patriarcali della vita dei contadini.
Lo stesso Kropotkin riponeva particolari speranze nella classe rurale,
perché vi vedeva una potenziale forza rivoluzionaria; l'anarchico russo
sosteneva la necessità di tornare a un
modello sociale nel quale il pane deve andare prima di tutti a coloro che,
coltivando la terra, lavorano per
produrlo. Si può pensare che Pissarro condividesse alcune delle idee di
Kropotkin, se si impegnò a decorare
il suo saggio. (V.M.)

Paul-César Helleu
Vannes 1859-1927

Inizia a studiare all'Ecole des Beaux-
Arts da Léon Gérôme; successivamente (1884) lavora come decoratore in un laboratorio di ceramica. Tra
il 1885 e il 1900 incide un grande numero di acqueforti e puntesecche
(nella Biblioteca Nazionale di Parigi
se ne conservano circa cinquecento).
Frequentatore assiduo dei salotti
dell'alta società, il pittore realizza
una vera e propia galleria di ritratti
femminili della Belle Epoque. Anche la moglie e i figli dell'artista sono
tra i suoi modelli preferiti.
In pittura l'attenzione dell'artista è
volta a interni di chiese, fiori, paesaggi (soprattutto marine e vedute di
Versailles). Dal 1897 è membro della
Società nazionale di belle arti, e poi
membro onorario della Società internazionale degli scultori, dei pittori e degli incisori di Londra. Nel
1904 viene insignito dell'ordine della Legione d'Onore.

45. *Donna appoggiata al parapetto*
carboncino, sanguigna, gesso
su carta beige, 657 × 475 mm
firmato a matita in basso a sinistra:
"Helleu"
inv. 6247
Provenienza: P.I. Šukin, Mosca;
1912, Museo Storico della Russia,
Mosca (poi Museo di Stato di
storia russa) (legato testamentario
di P.I. Šukin); 1922, Museo di
Stato di arte moderna occidentale;
1948, Museo Puškin (acquisto
dal precedente)

Helleu aveva elaborato uno stile vir-
tuosistico che era l'ideale per raffi-
gurare le sue eleganti modelle. Una
combinazione di tratti neri, rossi e
bianchi abilmente riuniti sullo stesso
foglio fa ricordare, pur con tutte le
dovute differenze stilistiche, i disegni "a tre matite" dei pittori del
XVIII secolo. (V.M.)

Jean-Louis Forain
Reims 1852 – Parigi 1931

Pittore, disegnatore, incisore. Studia
all'Ecole des Beaux-Arts da Léon
Gérôme. Durante la sua attività, dal
1876 al 1925, crea più di cinquemila
disegni, prevalentemente satirici e
umoristici per giornali e riviste di Parigi: "Le Monde Parisien", "La Vie
Moderne", "La Revue illustrée",
"L'Echo de Paris", "Journal Amusant", "Courrier Français", "Le Figaro", "Rire". Nel 1889 Forain pub-
blica un proprio settimanale illustrato, "Le Fifre", e negli anni 1898-1899
con Caran d'Ache il giornale
"Psst...!". Come disegnatore di "vita
e costumi", Forain continua la tradizione di Daumier, Gavarni, Guys,
Grévin, trovando soggetti nella vita
privata e sociale dei vari ceti della società parigina, nel mondo del teatro,
dei caffè notturni ecc. Nei due decenni successivi al 1890 si impegna anche
su tematiche politiche; nel periodo
tra il 1914 e il 1920 "Le Figaro" pub-
blica alcuni disegni del pittore legati
agli eventi della prima guerra mondiale. Forain è uno dei membri fondatori della "Società degli umoristi".
Per quanto riguarda la sua attività di
pittore, aderisce alla corrente degli
impressionisti, subendo l'influenza
di Manet e Degas. Forain partecipa
alle esposizioni degli impressionisti e
ai Salons del 1884 e dal 1885. Nel 1893
viene insignito della Legione d'Onore; in seguito viene eletto membro
dell'Accademia francese.

46. *Ritratto della signora Forain*,
1890-1900
acquarello, 590 × 440 mm
(645 × 485 mm il foglio)
firmato a pennello in basso
a destra: "forain"
inv. 10447
Provenienza: galleria Durand-Ruel,
Parigi; I.S. Ostruchov, Mosca;
1918, Museo di Stato di iconografia
e pittura Ostruchov, Mosca; 1929,
Museo di Stato di arte moderna
occidentale; 1948, Museo Puškin
(acquisito dal precedente)

La giovane donna di questo ritratto
viene solitamente identificata con la
moglie del pittore. Madame Forain
(Jeanne Bosc) era pittrice e scultrice
di grande talento. È noto che Forain
apprezzava molto l'arte di sua mo-

glie; nel 1921 venne allestita un'esposizione con opere di entrambi. (V.M.)

47. *Sono pronta, dottore!*,
1890-1900
inchiostro a pennello, matite
nera e blu, 250 × 260 mm
(433 × 357 mm il foglio)
firmato a penna in basso a destra:
"forain"; scritta a penna in basso
a sinistra: "- Je suis à vous,
Docteur" (cancellata con la matita)
inv. 10309
Provenienza: M.A. Morozov,
Mosca; 1910, galleria Tret'jakov,
Mosca (dono del precedente,
passato alla vedova) (poi Galleria
di Stato Tret'jakov); 1925, Museo
di Stato di arte moderna
occidentale; 1948, Museo Puškin
(acquisito dal precedente)

Il disegno è stato riprodotto nell'album *La Comédie Parisienne* (seconda serie, p. 161) accompagnato dal
testo: "A la cantonnade. Dis donc...
c'est ce que vous appelez une visite
de digestion?": ne deduciamo che il
pittore abbia rinunciato in seguito
alla variante iniziale della didascalia
che vediamo nel nostro disegno ("Je
suis à vous, Docteur"). Non a caso
essa è stata cancellata. Come succede spesso in Forain, il commento te-
stuale aiuta a scoprire un certo significato velato, a volte piccante, dell'illustrazione. Non sono noti molti disegni di Forain su questo inconsueto
tema "medico", ma da quelli che si
conoscono è facile intuire lo scetici-
smo del pittore nei confronti dei me-
dici.
Un tratto sobrio ed essenziale, che
non ammette eccessi e ridondanze, è
il risultato della lunga evoluzione di
Forain disegnatore. (V.M.)

Jean-François Raffaëlli
Parigi 1850-1924

Frequenta lo studio di Léon Gérôme; dal 1893 si stabilisce a Parigi, dove lavora nei sobborghi di Asnier e Gennevilier. Per tutta la vita espone regolarmente al Salon. Nel 1884 tiene una mostra personale. Risente delle teorie degli impressionisti. È noto come grafico, illustratore, autore di paesaggi e scene di genere.

48. *Boulevard Saint-Michel*
olio su tela, 64 × 77 cm
firmato in basso a destra:
"J.F. Raffaëlli"
Fino al 1918 nella collezione
di S.I. Šukin; nel 1948 acquisito
dal Museo Puškin (inv. 3431)

49. *Route de la Revolte a Neuilly*
puntasecca colorata,
227 × 278 mm
firmato a matita sul bordo
in basso a destra: "J.-F. Raffaëlli";
a sinistra: "no. 34"
inv. 17295
Delteil 1923, XVI, 61
Provenienza: pervenuto al Museo
Puškin prima del 1938

Raffaëlli, che subì fortemente l'influenza degli impressionisti, condivideva in modo particolare il loro interesse per la città moderna. Il pittore trovava una speciale poesia e bellezza nella vita delle periferie delle città e delle borgate popolate da gente semplice. Anche la tecnica incisoria di Raffaëlli si era sviluppata ed era determinata da quel modo particolare, appunto "impressionistico" di vedere le cose del mondo, come se una nebbia leggera avvolgesse le forme sullo sfondo, privandole di contorni e di identità definiti.
Per quanto riguarda l'incisione in questione, è evidente come per il pittore sia importante trasmettere l'impressione generale, l'atmosfera di una via animata. Il colore viene usato in singole macchie, con tocchi gustosi. Raffaëlli aveva studiato la tecnica della stampa a colori del XVIII secolo sulle opere di Janinet e Debucourt. Secondo l'esempio dei vecchi maestri, egli era solito usare per la stampa diverse lastre: più esattamente, per ogni colore utilizzava una lastra distinta. Il colore nero, quello che porta la carica cromatica principale, veniva stampato per ultimo. La stampa a colori, non eseguita all'acquatinta o a mezzatinta ma a puntasecca, è un'innovazione della fine del XIX secolo: un particolare merito di Raffaëlli consiste proprio nel fatto che egli, raffinato tecnico dell'incisione, continuava a sostenere la tradizione della stampa con più lastre, mentre tanti dei suoi "confratelli" in arte si accontentavano di una tavola colorata col tampone. (V.M.)

Henri de Toulouse-Lautrec
Albi 1864 – Malromé 1901

Dal 1875 lavora presso il pittore Princeteau. Nel 1882 entra nello studio di Bonnat e poi in quello di Cormon a Parigi, interessandosi soprattutto alla pittura di Degas e alle stampe giapponesi. Perfettamente calato nel nuovo impulso artistico del superamento dell'impressionismo, si esprime in uno stile a compatte zone di colore i cui volumi sono semplicemente delimitati dal contorno nero. Attento osservatore della vita parigina durante la Belle Epoque, ne ritrae con disincantato occhio le situazioni pubbliche tipiche, dai caffè-concerto ai bordelli, dai circhi alle sale da ballo. La sua produzione grafica, soprattutto i manifesti, sarebbe diventata una pietra miliare per gli epigoni.

50. *La cantante Yvette Guilbert mentre esegue "Linger, Longer, Loo"*, 1894
pastello e tempera su cartone,
57 × 42 cm
firmato e datato in basso
a sinistra: "Lautrec 94"
sotto la firma la dedica:
"A Arsene Alexandre"
Acquistato nel 1903 da I.A.
Morozov presso la galleria
Bernheim-Jeune, Parigi; nel
1948 acquisito dal Museo Puškin
(inv. 3446).
È il primo schizzo del ritratto della Guilbert per la rivista "Rire", edita da Arsene Alexandre.

51. *Il fantino*, 1899
litografia a colori, 517 × 362 mm
monogramma nel cerchio e data
in basso a destra: 1899 (scritta
al contrario)
inv. 14653
Delteil 1920, XI, 279
Provenienza: pervenuto al Museo
Puškin prima del 1929

Il fantino venne commissionato a Toulouse-Lautrec nel 1899 dall'editore Pierfort, che pensava di pubblicare una serie di stampe dedicate alle corse dei cavalli. Il progetto però non fu mai realizzato completamente a causa, si suppone, del peggioramento delle condizioni di salute dell'artista. Toulouse-Lautrec riuscì tuttavia a creare altre tre incisioni sul tema: *L'allenatore e il suo fantino*, *Il recinto*, *Il fantino che esce sulla linea di partenza* (Wittrock 1985, pp. 309-311). È stata però stampata solo *Il fantino*, prima in nero con una tiratura di 70 copie, successivamente in sei colori con una tiratura di 112 copie. Il fatto stesso della tiratura di una stampa in nero (cioè senza usare le lastre del colore) è ulteriore conferma del fatto che era proprio la lastra del nero ad assicurare la base costruttiva dell'intera immagine. Studiando la cromia per la stampa litografica Toulouse-Lautrec cercava solitamente di non mescolare i colori fra loro ma di delimitare invece tutte le zone colorate. Per colorare le superfici più grandi il pittore usava spesso il metodo dello "spruzzo" (*le crachis*); proprio questo metodo è stato usato anche per *Il fantino*.
La forza e la spontanea immediatezza del grande successo che avrebbero avuto le stampe di Toulouse-Lautrec può spiegarsi con questa varietà concentrata dei mezzi espressivi nel suo linguaggio artistico. (V.M.)

Auguste Rodin
Parigi 1840 – Meudon 1917

Scultore, disegnatore e incisore. Studia a Parigi all'Ecole Spéciale de Dessin et de Mathématiques ai corsi di H. Lecocq de Boisbaudran, e successivamente nell'atelier di A. E. Carrier-Belleuse. Nel 1864 presenta al Salon la scultura *Uomo dal naso rotto*, che però viene respinta. Dal 1871 al 1877 lavora a Bruxelles dove realizza la decorazione dell'edificio della Borsa, e altre opere insieme a A. J. van Rasbourgh). Nel 1875 Rodin passa due mesi in Italia, dove subisce il forte – e inevitabile – influsso dell'arte di Donatello e di Michelangelo.
Al Salon del 1877 presenta la statua *L'età del bronzo*, che suscita accese accuse di naturalismo, tanto da accreditare sospetti d'essere un calco dal vero. Nel 1877 Rodin viaggia per la Francia con lo scopo di visitare e analizzare le strutture architettoniche delle cattedrali gotiche. Nel 1880 riceve ufficialmente la commissione del portale scultoreo per il Musée des Arts Décoratifs: i lavori alla *Porta dell'inferno* sarebbero durati vent'anni circa. Tra il 1884 e il 1888 Rodin realizza il gruppo scultoreo *I borghesi di Calais*. Negli anni fra il 1889 e il 1909 lo scultore lavora alle due varianti del monumento a Victor Hugo, e dal 1891 al 1898 al monumento a Balzac, che scandalizza pubblico e critica per l'impressione di "non-finito". Tra le altre opere di Rodin un posto importante occupano i busti dei contemporanei.
Durante tutta la sua vita Rodin ha sempre continuato a disegnare, in modo particolarmente intenso nell'ultimo periodo di attività artistica, cioè dopo il 1900. La maggior parte dei disegni del maestro si conserva nel Museo Rodin a Parigi.

52. *Maddalena penitente*, 1900-1908
matita e acquarello, 243 × 322 mm
scritta a matita dell'artista in basso a destra: "Madeleine"
scritta di altra mano in basso a sinistra: "Aug. Rodin"
inv. 10324
Provenienza: Rjabušinskij; I.S. Ostruchov, Mosca; M.S. Vasil'ev, Mosca; 1925, Museo di Stato di arte moderna occidentale; 1948,

Museo Puškin (acquisto dal precedente)

Il foglio risale a un periodo compreso fra il 1900 e il 1908. È un esempio caratteristico del tardo stile grafico di Rodin, quello stile che si è cominciato a intravedere nei suoi disegni già nella seconda metà degli anni novanta del secolo precedente. Questa produzione grafica non costituiva la fase preparatoria di una successiva scultura, ma era un puro e semplice "esercizio". Lasciando che le modelle si muovessero liberamente nel suo atelier prendendo pose spontanee e naturali, Rodin ne coglieva i movimenti. E disegnava, secondo testimoni oculari, senza distogliere mai lo sguardo dalla modella e senza guardare la carta.
Questo schizzo è stato inizialmente concepito come un semplice studio di movimento, come il fissarsi del motivo plastico; solo in un secondo momento Rodin lo ripensò come raffigurazione di Maddalena penitente. Dunque gli elementi caratterizzanti, ovvero la croce, il teschio, il drappeggio e la scritta "Madeleine" vennero aggiunti dal pittore solo successivamente. Tuttavia questo non era un procedimento inconsueto: si conoscono molti altri casi in cui Rodin, a posteriori, attribuiva agli studi sulle modelle nomi storici o mitologici (Psiche, Saffo, Cleopatra ecc.).
Nel Museo Rodin di Parigi sono conservati altri due disegni, varianti ed elaborazioni dello stesso soggetto (Judrin, III, n. 3997; II, n. 2257), e anche un altro disegno (Judrin, IV, n. 5188) nel quale una figura simile a questa è accompagnata da un'altra figura femminile. (V.M.)

53. *Nudo femminile riverso all'indietro*, 1900-1908
matita e acquarello, 326 × 250 mm
scritte a matita dell'artista in basso a destra: "changé en fontaine"; più sotto: "arbre Dante"; più sotto: "bas"; in alto, nel mezzo, cancellato: "bas"
scritta di altra mano in basso a sinistra:"Aug Rodin"
inv. 10316
Provenienza: M.P. Rjabušinskij, Mosca; Fondo di Stato delle opere museali; 1925, Museo di Stato

di arte moderna occidentale; 1948, Museo Puškin (acquisto dal precedente)

Come succede spesso nei disegni di Rodin le note dell'autore sul foglio conferiscono all'immagine tutta la molteplicità di significati che l'artista attribuiva al soggetto: la figura femminile riversa all'indietro si associava nella sua mente sia con la fontana sia con l'albero e con certi personaggi di Dante. "Non c'è niente in natura che sia stato dotato di carattere più del corpo umano", diceva Rodin, "Con la propria forza o la propria grazia esso richiama alla mente le più svariate immagini. A volte assomiglia a un fiore: l'agilità del torso è simile all'agilità dello stelo (...). Alcune volte esso ricorda una flessibile liana, oppure la raffinatezza di un arbusto arditamente curvato. Altre volte, inarcato all'indietro, il corpo umano sa assomigliare a una molla o a un arco prodigioso (...)". Ancora, Rodin paragona il corpo umano a un'anfora, a un vaso dai contorni raffinati... (Gsell 1911, p. 155).
Per quanto concerne il nome di Dante menzionato sul nostro foglio, bisogna ricordare che l'immaginario della *Divina Commedia* ha sempre avuto un'influenza rilevante sulla sensibilità dello scultore, sin dai tempi del lavoro sulla *Porta dell'inferno*. "Davanti a Dante io provo una infinita ammirazione", riconosceva Rodin, "Dante non è solo un visionario e uno scrittore, ma è anche uno scultore.(...) Quando descrive un personaggio, lo disegna in ogni sua posa, in ogni suo gesto" (cit. da Judrin, I, p. XXI).
È interessante notare che la nota "bas" nella parte alta del disegno, in seguito cancellata, potrebbe indicare che l'artista stesso ammetteva la possibilità di osservare il disegno capovolto, come una figura in libera caduta: in questo modo si allargava ulteriormente la possibilità di varianti alternative dell'interpretazione dell'immagine. Ci sono parecchi casi analoghi nella grafica di Rodin e possiamo indicare, ad esempio, un disegno del Museo Rodin (Judrin, III, n. 4419), nel quale la figura femminile può assomigliare a un tripode o a un albero, a seconda di come è girato il foglio. (V.M.)

Louis Legrand
Digione 1863 – Livry-Gargan 1951

Pittore, incisore e illustratore, studia all'Ecole des Beaux-Arts di Digione; si trasferisce poi a Parigi, dove inizia a collaborare, dalla fine degli anni ottanta, con le pubblicazioni illustrate "Journal Amusant", "Journée", "Courrier Français" ecc. Le sue incisioni spesso costituivano serie complete e venivano pubblicate in album. I temi preferiti di Legrand sono le ballerine, le prostitute, la vita nei caffè. Nell'incisione grafica l'artista spazia dall'acquaforte, l'acquatinta e la puntasecca alla litografia e xilografia.

54. *Quattro danzatrici*
acquaforte e acquatinta, 360 × 541 mm
firmato in alto a sinistra: "Louis Legrand"; firmato a matita sul bordo in basso a destra: "Louis Legrand"
inv. 17749
Laran 135
Provenienza: pervenuto al Museo Puškin prima del 1938

Il mondo del balletto aveva per Legrand un fascino particolare: moltissime sue opere sono dedicate alle danzatrici, sul palcoscenico come dietro le quinte, negli intervalli di riposo oppure durante le prove. Entrato in un campo tematico dominato da Edgar Degas, Legrand ha saputo tuttavia conservare una certa indipendenza, autonomia d'interpretazione e originalità d'espressione pittorica. Se Degas, pungente e a volte spietato osservatore, notava nel balletto gli elementi del grottesco, Legrand era più incline a scegliere e a rappresentare quei movimenti e quei gesti in cui si apriva la bellezza plastica del corpo umano, e sapeva cogliere questa grazia anche negli aspetti più banali e quotidiani della vita delle ballerine.
In questa stampa le danzatrici sono in un momento di pausa e di rilassamento dopo gli estenuanti esercizi alla sbarra.
Un'abilità sicura nella composizione, scioltezza, grande leggerezza e nello stesso tempo precisione del tratto: sono queste le qualità essenziali della grafica di Legrand.
La tecnica dell'acquatinta, adopera-

ta qui e altrove dal maestro, consisteva in questo: sulla lastra di rame dove era fissato uno strato granuloso di polvere di resina si tracciava il disegno con una matita speciale, fatta di sostanze particolari. Dopo di che la lastra stessa veniva ricoperta di lacca e immersa nell'acqua. Nei punti che erano stati toccati dalla matita la lacca si staccava e si scopriva la superficie granulosa della lastra. Si procedeva poi alla morsura. (V.M.)

55. *Dolore*, ante 1906
matita nera, pastello, acquarello
340 × 265 mm (559 × 382 mm
il foglio)
monogramma a pennello in acquarello rosso in basso a destra: "LL" nel rombo con la stella (riproduzione del francobollo della collezione del pittore, cfr. Lugt 1921, n. 1738)
inv. 10275
Provenienza: principe P.G. Demidov; principessa Demidova; Z.V. Rat'kova-Rožnova, Mosca; Fondo di Stato delle opere museali; 1921, Secondo Museo di pittura moderna occidentale; 1948, Museo Puškin (acquisito dal Museo di Stato di arte moderna occidentale)

La datazione del disegno "ante 1906" è basata sul fatto che venne pubblicato appunto nel 1906 sulla rivista "L'Art et le Beau". La trattazione del soggetto rivela lo sguardo di un osservatore imparziale occupato nella ricerca "obiettiva" delle passioni umane. Legrand, che aveva compreso in modo profondo la plastica del corpo femminile e si era appropriato di tutte le possibilità del disegno realistico, riesce a trovare qui una formula plastica che esprime con grande intensità lo stato interiore della modella. In tal modo un semplice disegno s'innalza a livello di simbolo universale che esprime un concetto generale: il dolore, il lutto. La causa di "questo" dolore resta un mistero per lo spettatore: il pittore, facendo vibrare la tragicità del quotidiano, allude alla presenza di una realtà più profonda, nascosta dietro all'apparente superficie delle cose: in questo senso Legrand restava fedele allo spirito del simbolismo che ha influenzò la sua opera giovanile. (V.M.)

Maurice Denis
Granville 1870 – Saint-Germain-
en-Laye 1943

Nel 1888 studia all'Académie Julian. Attraverso Sérusier conosce Gauguin e la scuola di Pont-Aven. Diventa il principale teorico del gruppo dei Nabis e del simbolismo francese, e nel 1890 scrive il *Il Manifesto del movimento Nabis*, oltre ad articoli e libri. Nel 1891, per un certo periodo di tempo, lavora accanto a Bonnard e Vuillard.
Dal 1895, sotto la forte impressione dell'arte del primo Rinascimento, si rivolge alla pittura di soggetto religioso. Nel 1919 fonda una sua scuola artistica a Parigi, gli Ateliers d'Art Sacré. Lavora alla decorazione di alcune chiese e dipinge, su commissione, varie serie di pannelli, fra le quali *La storia di Psiche* del 1909 per il palazzo di Morozov a Mosca. Nel 1912 realizza gli apparati decorativi del teatro degli Champs Elysées, del Palais Chaillot e altri.

56. *Le comunicande*, 1905-1906
carboncino e gesso su carta giallastra, 438 × 360 mm
firmato a matita in basso a sinistra: "Maurice Denis"
inv. 10274
Provenienza: S.A. Sčerbatov, Mosca; Fondo di Stato delle opere museali; 1920, Secondo Museo di pittura moderna occidentale; 1923, Museo di Stato di arte moderna occidentale; 1948, Museo Puškin (acquisito dal precedente)

Il disegno è da mettere in relazione con la decorazione pittorica della sala da musica nell'abitazione del barone Mutzenbecker a Wiesbaden, eseguita nel 1905-1906; questo complesso decorativo è conosciuto col titolo di *Eterna estate*. Da una lettera di Denis a madame de La Laurencie della fine del 1905 (Denis, *Journal*, II, pp. 25-26) si può desumere che il progetto iniziale del pittore fosse quello di realizzare una serie di grandi pannelli "tematici", dal titolo programmatico, uno dei quali era appunto l'opera in questione: *Nell'eterna estate risuonerà un canto nuovo*. Alla fine però Denis, particolarmente stimolato da questo tema, rinunciò alla realizzazione degli altri pannelli ideati inizialmente, concen

trandosi dunque sul motivo dell'*Eterna estate* che venne sviluppato in cinque pannelli, uno grande e quattro più piccoli. Le tre figurine dello schizzo del Museo Puškin si trovano riprodotte nella parte sinistra del pannello principale che rappresenta donne che suonano l'arpa e una processione di fanciulle comunicande ornate da corone di rose. Nella citata lettera a madame de La Laurencie, Denis scrisse inoltre, spiegando il tema principale del pannello nella sala di musica: "ci sono angeli e fanciulle in bianco che cantano e suonano diversi strumenti. (...) L'insieme, penso, esprime l'idea che in ogni anima si manifesta il meglio che c'è in essa, la sua musica più reconditа" (*ibidem*, p. 25). Nella fantasia del pittore questo dipinto dovrebbe rappresentare l'immagine del paradiso: "penso molto al paradiso, ora che sono occupato nella sua raffigurazione (...) penso anche che i bei paesaggi e i bei sorrisi che vediamo qui siano degni della perfezione celeste". Le immagini così create "producono un'impressione arcana e insieme mistica" (*ibidem*, p. 26). Il soggetto del disegno di Mosca si ripete con piccole variazioni in uno dei vasi di maiolica di Denis della collezione del Museo Puškin (inv. P 201). (V.M.)

57. *Polifemo*, 1907
olio su tela, 81 × 116 cm
firmato e datato in basso a sinistra: "Maurice Denis 1907"
Nel 1907 il dipinto fu eseguito su commissione di I.A. Morozov, Saint-Germaine-en-Laye; nel 1948 acquisito dal Museo Puškin (inv. 3375).
Pendant di *Bacco e Arianna* del 1906 (Ermitage, inv. 6578). Polifemo è qui inteso come l'eroe del poeta Teocrito, cioè il pacifico pastore la cui mostruosità era derisa dalle ragazze.

58. *Spiaggia verde. Perros-Guirec*, 1909
olio su tela, 97 × 180 cm
firmato e datato in basso a sinistra: "Maurice Denis 1909"
Acquistato nel 1910 da I.A. Morozov presso l'artista, Saint-Germaine-en-Laye; nel 1948 acquisito dal Museo Puškin (inv. 3376)

Henri Lebasque
Champigné 1865 – Le Cannet 1937

Studia presso l'Ecole des Beaux-Arts ad Angers, e dal 1886 è a Parigi da L. Bonnat. Si reca a Londra, Madrid, viaggia per l'Italia. In pittura avverte l'influenza di Manet e Pissarro e preferisce paesaggi e scene di genere. Dal 1902 espone nei Salons parigini. Nel 1906-1907, insieme a Denis, Rouault e Vlaminck, inizia a occuparsi di ceramica.

59. *Prima del bagno*, 1906-1907
olio su tela, 72,5 × 54 cm
firmato in basso a destra: "Lebasque"
Acquistato nel 1907 da I.A. Morozov presso la galleria G. Petit, Parigi; nel 1948 acquisito dal Museo Puškin (inv. 3385)

Henri-Charles Manguin
Parigi 1874 – Saint-Tropez 1949

Studia all'Ecole des Beaux-Arts da G. Moreau. Nel 1905 espone al Salon des Indépendants e al Salon d'Automne; nel 1907 viaggia in Italia. È notevolmente influenzato dall'arte degli impressionisti, di Cézanne e di Gauguin. Aderisce al movimento fauvista; dipinge per lo più composizioni di genere, paesaggi e nature morte.

60. *La bagnante*, 1906
olio su tela, 61 × 49 cm
firmato in basso a destra:
"Manguin"
Acquistato nel 1906 da I.A. Morozov al Salon d'Automne, Parigi; nel 1948 acquisito dal Museo Puškin (inv. 3389)

Louis Valtat
Dieppe 1869 – Parigi 1952

Nel 1887 studia all'Académie Julian da G. Dupré, poi all'Ecole des Beaux-Arts da G. Moreau. Dal 1889 espone al Salon des Indépendants, dal 1903 al Salon d'Automne. In contatto con i Fauves, fino al 1914 vive ad Anthéor, dal 1926 vive e lavora a Choiselle. Viaggia lungo la costa della Francia, si reca in Italia, Spagna, Algeria. Dipinge prevalentemente paesaggi e nature morte; decoratore, ceramista, disegnatore e grafico, è famoso per i suoi manifesti.

61. *Mare ad Anthéor*, 1907 circa
olio su tela, 82 × 100 cm
firmato in basso a destra:
"L. Valtat"
Acquistato nel 1907 da I.A. Morozov presso A. Vollard, Parigi; nel 1948 acquisito dal Museo Puškin (inv. 3362)

Pierre Bonnard
Fontenay-aux-Roses 1867 – Le Cannet 1947

Tra il 1885 e il 1888 studia giurisprudenza e, contemporaneamente, frequenta, con Denis e Sérusier, l'Académie Julian. Subisce un forte influsso dall'arte di Gauguin e, nel 1888, è tra i fondatori del gruppo dei Nabis. Nel 1890 abbandona gli studi di legge e si dedica alla pittura condividendo uno studio con Denis e Vuillard. Tra il 1895 e il 1904 si volge soprattutto all'illustrazione di periodici, libri e manifesti. Nella sua predisposizione per la grafica è attratto da Redon. Dal 1904 soggiorna lungamente in campagna e compie numerosi viaggi in Europa e in Nord Africa: i paesaggi diventano i suoi soggetti preferiti, la tavolozza si schiarisce tanto da diventare solare attorno al 1909. Mantiene contatti con Matisse. Nel 1911 dipinge per Morozov il trittico *Mediterraneo*. Dal 1926 vive a Le Cannet, nel sud della Francia. La mostra a New York del 1928 gli vale il consenso internazionale.

62. *La Senna a Vernonnet*, 1911
olio su tela, 51 × 60,5 cm
firmato in basso a destra:
"Bonnard"
sul retro il cartellino della galleria Bernheim-Jeune con la data "1911"
Acquistato nel 1913 da I. A. Morozov presso Bernheim-Jeune, Parigi; nel 1948 acquisito dal Museo Puškin (inv. 3357)

63. *Estate in Normandia*, 1912 circa
olio su tela, 114 × 128 cm
firmato in basso a destra:
"Bonnard"
Acquistato nel 1913 da I. A. Morozov alla galleria Druet, Parigi; nel 1948 acquisito dal Museo Puškin (inv. 3356)

Albert Marquet
Bordeaux 1875 – Parigi 1947

Dal 1890 studia a Parigi presso l'Ecole Nationale des Arts Décoratifs, dove conosce Matisse; con quest'ultimo passa successivamente all'Ecole des Beaux-Arts, nell'atelier di Moreau. Conosce Derain e Camoin. Dipinge per lo più paesaggi dai colori forti, audaci che andranno in seguito ad attenuarsi per arrivare, intorno al 1910, alla definizione di uno stile individuale, che non si sarebbe più modificato. Mantiene saldi rapporti di amicizia con Matisse, lavora a Parigi, e dopo il 1915 nel sud della Francia. Dai numerosi viaggi in Francia, ma anche in Italia, Germania, Egitto, Algeria, Russia ricava continui spunti, soprattutto vedute cittadine, marine, porti. Nel 1912 parte con Matisse per il Marocco. Dal 1940 al 1945 vive in Algeria.

64. *Sole su Parigi. Quai du Louvre*, 1905
olio su tela, 65 × 82 cm
firmato in basso a destra:
"marquet"
Acquistato nel 1913 da I.A. Morozov presso la galleria Druet, Parigi; nel 1948 acquisito dal Museo Puškin (inv. 3391)

65. *Parigi d'inverno. Quai Bourbon*, 1907
olio su tela, 65 × 81 cm
Acquistato nel 1907 da I.A. Morozov presso la galleria Druet, Parigi; nel 1948 acquisito dal Museo Puškin (inv. 3390)

66. *Parigi d'inverno. Pont Saint-Michel*, 1908
olio su tela, 61 × 81 cm
firmato in basso a sinistra:
"marquet"
Fino al 1918 nella collezione di S.I. Šukin; nel 1948 acquisito dal Museo Puškin (inv. 3293)

Henri Matisse
Le Cateau 1869 – Cimiez 1954

Fra il 1887 e il 1889 studia giurisprudenza e lavora come avvocato praticante. Nel 1890 comincia a occuparsi di arte; nel 1892 è allievo di Moreau; nel 1896 scopre l'impressionismo. Nel 1905 lavora a Collioure, la sua tavolozza è ormai di colori chiari e gioiosi: nello stesso anno espone questi lavori, con altri amici, al Salon d'Automne, dando vita a quello che verrà chiamato il movimento Fauve.
Più tardi si allontanerà da questa corrente artistica, per avvicinarsi al cubismo.
Nel 1910 tiene una retrospettiva alla galleria Bernheim-Jeune; al Salon d'Automne dello stesso anno espone *La danza* e *La musica*, che gli aveva commissionato Šukin nel 1909. Nel 1912-1913 fa due viaggi in Marocco. Dopo il 1916 si stabilisce definitivamente a Nizza, e nel 1918 frequenta Renoir.
Negli anni venti partecipa a esposizioni all'estero, guadagnando fama internazionale. Nel 1930 si reca negli Stati Uniti e a Tahiti. Nel 1941, dopo un serio intervento chirurgico, è costretto a letto, e, impossibilitato a dipingere, crea collages con la carta. Dal 1943 vive a Vence, dove, fra il 1948 e il 1951, nella Cappella del Rosario si cimenta nell'ideazione del progetto architettonico e nell'intera decorazione del complesso.

67. *Bois de Boulogne*, 1902
olio su tela, 65 × 81,5 cm
firmato e datato in basso a sinistra:
"Henri-Matisse 1902"
Fino al 1918 nella collezione di S.I. Šukin, Mosca; nel 1948 acquisito dal Museo Puškin (inv. 3300)

68. *Il pescatore*, estate 1905
penna su carta giallastra,
302 × 486 mm
firmato a matita in basso a destra:
"Henri Matisse"
inv. 10260
Provenienza: 1906, S.I. Šukin, Mosca (dono dell'artista); 1918, Primo Museo di pittura moderna occidentale; 1923, Museo di Stato di arte moderna occidentale; 1948, Museo Puškin (acquisito dal precedente)

Il disegno è stato eseguito nell'estate del 1905 durante il soggiorno del pittore a Collioure, una cittadina portuale situata sulla costa mediterranea francese, non lontano dal confine con la Spagna. Matisse andò in villeggiatura a Collioure insieme alla famiglia nella seconda metà di maggio del 1905, e il posto gli piacque talmente che nei dieci anni successivi vi sarebbe tornato parecchie altre volte.
Nel 1906 Matisse regalò questo disegno a Sergej Ivanovič Šukin. Probabilmente in base a una testimonianza del pittore, si pensa che l'uomo con la canna da pesca sia lo stesso Matisse, mentre il bagnante sullo sfondo andrebbe identificato con André Derain. Aragon, invece, che partiva da un presupposto sbagliato, sosteneva che il disegno fosse stato eseguito nell'estate del 1904 a Saint-Tropez, e vedeva nel pescatore un ritratto del pittore Paul Signac (Aragon 1971, I, p. 296). È noto tuttavia che nell'estate del 1905 anche Derain, che Matisse aveva conosciuto nell'atelier di Eugène Carrière nel 1899, si trovava a Collioure: in quel periodo i due si frequentavano assiduamente e seguivano vie artistiche molto simili. Comunque Matisse, che era più anziano del suo compagno, si sentiva un certo senso il suo "maestro", anche se di lì a poco entrambi si sarebbero avvicinati all'estetica di una nuova corrente: il fauvismo. Al Salon d'Automne del 1905, che in un certo senso sancì la nascita del nuovo movimento, Matisse espose, oltre a cinque oli e due acquarelli, anche tre disegni, compreso questo, che venne poi a far parte della collezione di S.I. Šukin. Vanno inoltre citati anche altri disegni a penna, che raffigurano alcune vedute della cittadina di Collioure e che risalgono al 1905 (ad esempio, Parigi 1975, n. 16; Parigi 1982, ill. p. 45; Nantes, Saint-Etienne 1988-1989, n. 10).
Il pescatore è un'opera importante, nell'indagine dei modi grafici di Matisse, poiché in certo modo rispecchia il passaggio dal pointillisme al fauvismo che in quel periodo caratterizzava la pittura dell'artista. Tuttavia, dato che la tematica centrale del nascente movimento fauvista era la liberazione del colore, i cambia-

menti che intervenivano nella pittura potevano influenzare il disegno solo indirettamente; anzi, quest'ultimo, che conservava il principio costruttivo, si opponeva intrinsecamente alle tendenze che portavano alla sfumatura dei contorni e alla dissoluzione delle forme.
In questo lavoro la tecnica disegnativa di Matisse, eseguito a penna con tratti staccati di diverso spessore, può ricondurre a una certa influenza di Van Gogh. Infatti, poco prima del viaggio a Collioure, nella primavera del 1905, Matisse ebbe modo di vedere i disegni di Van Gogh all'esposizione nel Salon des Indépendants, dove peraltro si occupò dell'allestimento; e ancor prima, verso la fine degli anni novanta, Matisse entrò in possesso di due disegni di Van Gogh, così come poté visitare la personale dell'artista olandese che aveva avuto luogo nel 1901 alla galleria Bernheim-Jeune. (V.M.)

69. *Ex libris di I.S. Šukin*,
novembre 1911-gennaio 1912
penna, acquarello, matita,
223 × 163 mm
scritta in basso a destra: "Ex libris / Ivan Schoukine"
iniziali più sotto: "H.M."
(cancellato con la matita); scritta dell'artista a matita lungo il bordo inferiore: "Celui que je préfère"
inv. 10279
Provenienza: 1912, I.S. Šukin, Mosca (dono dell'artista); 1923, Museo di Stato di arte moderna occidentale; 1948, Museo Puškin (acquisito dal precedente)

Questo ex libris era destinato ai volumi della biblioteca di Ivan Sergeevič Šukin (1886-1975), figlio maggiore del collezionista moscovita Sergej Ivanovič Šukin. Nel manuale di U.G. Ivask (Ivask 1918, 3, p. 43) lo schizzo dell'ex libris viene datato intorno all'anno 1910. P.D. Ettinger riteneva invece che questo progetto (così come un'altra variante della stessa composizione, che Matisse aveva pure proposto a Šukin, cfr. scheda 70) fosse stato già abbozzato durante il soggiorno del pittore a Mosca, ovvero nell'autunno del 1911, su richiesta del famoso collezionista (Ettinger 1925, p. 47). Una lettera di I.S. Šukin ad A.A. Dems-

kaja del 21 febbraio 1974 da Beirut, ci permette di fare maggiore chiarezza su questa vicenda: "Il disegno originale", ricorda Šukin, "venne eseguito da Matisse a Parigi. Durante il soggiorno del pittore a Mosca gli chiesi di farmi un ex libris. Lui cortesemente accettò e disse che me l'avrebbe poi spedito dalla Francia. Volli lasciare a lui la scelta del soggetto, e alla fine non volle nemmeno essere pagato". (Archivio del Museo Puškin, fondo 13-XI-145/9). Questa versione è stata definitivamente confermata da una lettera indirizzata da Šukin allo stesso Matisse il 4 febbraio del 1912, di recente pubblicazione (Kostenevič, Sémionova 1993, p. 177). In questa lettera Šukin ringraziava il pittore per avergli inviato i due ex libris e gli chiedeva di perdonarlo per aver tardato a rispondere: "Per tutta la settimana gli impegni militari non mi hanno lasciato neanche un poco di tempo".
Possiamo così concludere che gli schizzi siano stati portati a termine dopo la partenza di Matisse dalla Russia (che avvenne intorno al 23 novembre del 1911, secondo il calendario gregoriano) e mandati a Mosca, evidentemente, nella seconda metà di gennaio del 1912.
Delle due varianti proposte da Matisse, Šukin scelse quella che preferiva anche il pittore, che aveva infatti annotato sul bordo: "Celui que je préfère". La variante scartata da Šukin (scheda 70) è stata poi usata come ex libris dal conte M.P. Keller, cognato di Sergej Ivanovič Šukin.
L'ex libris di Šukin venne stampato a tre colori (nero, blu e verde) e, al posto delle parole cancellate a matita, è stato inserito il motto: "Tout comprendre / c'est / tout pardonner". La dicitura "Ex libris I.S. Schoukine" è stata posta sotto la cornice del disegno (nello schizzo le corrisponde uno spazio vuoto delimitato dalla matita); il nome del pittore è in alto a sinistra: "Matisse". (V.M.)

70. *Ex libris di M.P. Keller*,
novembre 1911-gennaio 1912
penna e acquarello, 123 × 98 mm
scritta a penna nel riquadro:
"Ex libris / Ivan / Schoukine"
(cancellato con la matita)
iniziali a penna in basso

a destra: "H.M."
inv. 10591
Provenienza: 1912, I.S. Šukin, Mosca (dono dell'artista); M.P. Keller, Mosca(?); N.B. Rosenfeld; 1931, Museo di Stato di arte moderna occidentale (dono del precedente); 1948, Museo Puškin (acquisto dal precedente)

Questo disegno è uno dei due progetti degli ex libris destinati inizialmente a Ivan Sergeevič Šukin, figlio del famoso collezionista moscovita Sergej Ivanovič Šukin.
I.S. Šukin preferì utilizzare per sé la seconda delle due varianti proposte da Matisse (cfr. scheda 69), e cedette quella scartata al conte Michail Pavlovič Keller (1883-post 1950), marito di sua sorella Ekaterina Sergeevna. M.P. Keller aveva terminato gli studi nel 1909 presso il liceo moscovita "Cesarevič Nikolaj", e dal 1906 era divenuto membro della Società bibliografica russa presso l'università di Mosca, guadagnandosi la fama di competente bibliofilo. Nella lettera a Matisse del 4 febbraio del 1912 (Kostenevič, Sémionova 1993, p. 177) Ivan Sergeevič francamente riconosceva: "Per quanto riguarda l'ex libris piccolo, devo dire che non mi piace molto, perché trovo che non esprima appieno il carattere del grande artista che lo ha disegnato".
L'ex libris passò così a M.P. Keller, fu stampato in nero con la scritta: "Ex Libris du Comte Keller". (V.M.)

71. *Pesci rossi*, 1912
olio su tela, 140 × 98 cm
Acquistato nel 1912 da S.I. Šukin presso l'artista a Issy-les-Moulineaux; nel 1948 acquisito dal Museo Puškin (inv. 3299)

72. *Nasturzi. La danza*, 1912
olio su tela, 190,5 × 114,5 cm
firmato in basso a destra: "Henri Matisse"
Acquistato nel 1912 da S.I. Šukin presso l'artista a Issy-les-Moulineaux; nel 1948 acquisito dal Museo Puškin (inv. 3301)

André Derain
Chatou 1880 – Garches 1954

Tra il 1895 e il 1899 riceve una buona istruzione artistica a Parigi. Nel 1900 conosce Vlaminck, e comincia a lavorare con lui dividendo lo stesso atelier. Nel 1901, in occasione della retrospettiva su Van Gogh alla galleria Bernheim-Jeune, viene per la prima volta a contatto con le opere del grande maestro, e ne rimane fortemente impressionato. In questa occasione conosce anche Matisse. D'ora in poi comincia a intrattenere rapporti con i futuri Fauves; nel 1905 lavora accanto a Matisse a Collioure, espone i suoi quadri al Salon des Indépendants e assieme agli altri Fauves al Salon d'Automne del 1905.
Nel 1906, a Londra, dipinge alcune vedute del Tamigi, e dall'anno successivo comincia ad avvertire il forte influsso dell'opera di Picasso: nel 1908 distrugge una parte dei suoi quadri e decide di staccarsi dalla corrente fauvista.
Intrattiene stretti rapporti di amicizia e collaborazione con Picasso e Braque; nel 1910 dipinge alcuni quadri cubisti a Cagnes-sur-Mer.
Nel 1911-1912 torna alla pittura realistica, orientandosi verso i maestri del primo Rinascimento; dopo la prima guerra mondiale si volge alla scultura con opere che richiamano l'arte romanica.

73. *Vecchio ponte*, 1910
olio su tela, 73 × 92 cm
firmato sul retro in alto a sinistra: "*a derain*"
Fino al 1918 nella collezione di S.I. Šukin; nel 1948 acquisito dal Museo Puškin (inv. 3278)

74. *Alberi*, 1912 circa
olio su tela, 92 × 73 cm
firmato sul retro in alto a sinistra: "a derain"
Acquistato nel 1913 da I.A. Morozov presso D. Kahnweiler, Parigi; nel 1948 acquisito dal Museo Puškin (inv. 3378)

Maurice de Vlaminck
Parigi 1876 – Rueil-la-Gadelière 1958

Ciclista professionista, studia la pittura da autodidatta. Nel 1900 conosce Derain, con il quale divide l'atelier a Chaudais. Nel 1901 rimane fortemente impressionato dall'esposizione retrospettiva di Van Gogh alla galleria Bernheim-Jeune, dove conosce Matisse. Aderisce al movimento fauvista, e con i Fauves espone al Salon d'Automne. Conosce Picasso e Apollinaire. Intorno al 1908 volge la sua attenzione a Cézanne, e negli anni venti lavora nello spirito del realismo espressionista. Negli anni quaranta e cinquanta ritorna alla tensione e all'espressività degli inizi.

75. *Rivoletto*, 1912
olio su tela, 83 × 102 cm
firmato in basso a destra: "Vlaminck"
Acquistato nel 1925 da B.N. Ternovietz presso l'artista a Parigi per il Museo di Stato di arte moderna occidentale; nel 1948 acquisito dal Museo Puškin (inv. 3365)

76. *Paesaggio di Auvers*, 1925
olio su tela, 45 × 55 cm
firmato in basso a destra: "Vlaminck"
Acquistato nel 1925 da B.N. Ternovietz presso l'artista a Parigi per il Museo di Stato di arte moderna occidentale; nel 1948 acquisito dal Museo Puškin (inv. 3460)

Raoul Dufy
Le Havre 1877 – Forcalquier 1953

Dal 1892 studia a Le Havre alla scuola di belle arti da Ch. Lullier, insieme a O. Friesz e a G. Braque. Nel 1900 si trasferisce a Parigi, dove segue le lezioni di L. Bonnat presso l'École des Beaux-Arts. Lavora a Parigi, a Trouville, all'Estaque, a Vence, a Le Cannet e a Nizza. Visita la Spagna, il Marocco, gli Stati Uniti, l'Inghilterra e la Germania.
Nel 1903 partecipa all'esposizione del Salon des Indépendants, e dal 1906 espone al Salon d'Automne. Dipinge prevalentemente paesaggi e realizza disegni e composizioni per tessuti, arazzi, carta da parati, mobili e ceramiche; è impegnato anche in attività di scenografo, grafico e illustratore.

77. *14 luglio a Deauville*, 1933
olio su tela, 38 × 92 cm
firmato e datato in basso a destra: "Raoul Dufy / Deauville 1933"
Donato nel 1969 da M.E. Kaganovič, Parigi (inv. 4068)

Georges Braque
Argenteuil 1882 – Parigi 1963

Nel 1897 frequenta l'Ecole des Beaux-Arts a Le Havre; tra il 1900 e il 1904 studia pittura a Parigi. Aderisce al movimento dei Fauves e partecipa alle loro mostre al Salon d'Automne e al Salon des Indépendants. Nel 1907 subisce un forte influsso dalla mostra retrospettiva di Cézanne; entra poi in contatto con Picasso e vede nello studio di questi *Les demoiselles d'Avignon*. Nel 1908 dipinge all'Estaque le sue prime opere cubiste. Nel 1909, a La Roche-Guyon, comincia, con Picasso, a teorizzare e praticare il cubismo analitico, cui seguirà, nel 1912, l'elaborazione del cubismo sintetico e l'uso, per la prima volta nella storia della pittura, di collages e altro materiale extrapittorico. Nel 1917, in collaborazione con Juan Gris, continua a sviluppare il cubismo. Nel 1923-1925 crea scenografie per i balletti di Djagilev. Negli anni quaranta prevalgono composizioni raffiguranti interni e studi d'artista.

78. *Il castello di La Roche-Guyon*, 1909
olio su tela, 92 × 73 cm
firmato sul retro: "Braque"
Acquistato nel 1910 da S. I. Šukin presso D. Kahnweiler, Parigi; nel 1948 acquisito dal Museo Puškin (inv. 3258)

Pablo Picasso
Malaga 1881 – Mougins 1973

Nel 1895 studia presso la Scuola Artistica di Barcellona. Dal 1904 vive permanentemente a Parigi, e sente forte l'influenza di Toulouse-Lautrec. Gli anni fra il 1901 e il 1904 sono conosciuti come il "periodo blu", e quelli dal 1905 al 1906 come il "periodo rosa", caratterizzati da immagini liriche di saltimbanchi e arlecchini. Dal 1906 sente l'influenza di Cézanne e si interessa di arte popolare iberica e africana. Nel 1907 dipinge *Les demoiselles d'Avignon*. Insieme a Braque elabora il cubismo analitico (*Ritratto di Ambroise Vollard*). Nel 1912 viene costituito il movimento del cubismo sintetico col quale si cerca la massima semplificazione nei piani di costruzione degli oggetti. Nel 1920, con il ritorno alla "figuratività" comincia il periodo classicista. Dagli anni trenta nell'opera di Picasso la deformazione espressiva si unisce con il simbolismo individuale in diverse varianti stilistiche. La passione per la sperimentazione e l'instancabilità del pittore hanno caratterizzato la sua arte, anche nel campo della scultura, della ceramica e della grafica.

79. *Arlecchino e la sua amica (Saltimbanchi)*, 1901
olio su tela, 73 × 60 cm
firmato in alto a sinistra: "Picasso"
Acquistato nel 1908 da I.A. Morozov presso la galleria Vollard, Parigi; nel 1948 acquisito dal Museo Puškin (inv. 3400)

80. *La spagnola di Maiorca*, 1905
gouache e acquarello su cartone, 67 × 51 cm
firmato in basso a sinistra: "Picasso"
Fino al 1918 nella collezione di S.I. Šukin; nel 1948 acquisito dal Museo Puškin (inv. 3316)

81. *Testa di vecchio con tiara*, 1905
penna e acquarello su carta grigio-beige incollata su cartone, 169 × 104 mm
inv. 10266
Provenienza: S.I. Šukin, Mosca; 1918, Primo Museo di pittura moderna occidentale; 1923, Museo di Stato di arte moderna occidentale; 1948, Museo Puškin (acquisto dal precedente)

Il disegno risale al cosiddetto "periodo rosa" di Picasso: è abituale datarlo al 1905. Un personaggio simile è raffigurato in un pastello dello stesso periodo della Galleria Nazionale di Stoccarda (Zervos 1932-1978, I, n. 245); il titolo tradizionale del pastello è *Re Dagoberto* (l'eroe delle leggende medievali francesi), ma consideriamo tale interpretazione assolutamente arbitraria. Entrambe queste opere vanno esaminate insieme alla gouache *Suonatore di organetto* di Zurigo (Zervos 1932-1978, VI, n. 798) e ai suoi abbozzi preparatori (Palau i Fabre 1981, nn. 1070-1072, 1075), che rimandano immediatamente al mondo degli acrobati ambulanti, dei saltimbanchi e dei commedianti. Dalla figura del re Picasso fa così scaturire una duplice natura: non è difficile trasformare questo vecchio ieratico nel re dei buffoni, così come la sua corona stilizzata (soprattutto nel pastello di Stoccarda) diventa improvvisamente un cappello a cono. Come quello dei buffoni... (V.M.)

82. *Casa nel giardino (Casa e alberi)*, 1909
olio su tela, 92 × 73 cm
Fino al 1918 nella collezione di S.I. Šukin; nel 1948 acquisito dal Museo Puškin (inv. 3350)

83. *La regina Isabeau*, 1909
olio su tela, 92 × 73 cm
Prima del 1913 acquistato da S.I. Šukin presso D. Kahnweiler, Parigi; nel 1948 acquisito dal Museo Puškin (inv. 3319)

84. *Dama con ventaglio*, 1909
olio su tela, 101 × 81 cm
Fino al 1918 nella collezione di S.I. Šukin; nel 1948 acquisito dal Museo Puškin (inv. 3320)

Fernand Léger
Argentan 1881 – Gif-sur-Yvette, Seine-et-Oise 1955

Dal 1903 studia presso l'Ecole des Beaux-Arts di Parigi. Frequenta poi l'Académie Julian e gli ateliers di Léon Gérôme e Gabriel Ferrier. Dal 1908 inizia a esporre al Salon des Indépendants , dal 1901 al Salon d'Automne. Aderisce al movimento cubista seguendo però uno stile personale. Dopo la prima guerra mondiale (1917-1919) la sua ricerca si esprime in composizioni di elementi meccanici. Dal 1940 al 1945 viaggia e lavora negli Stati Uniti. Pittore, grafico, scultore, designer, ceramista, scenografo, esplora molti campi delle arti decorative; dal 1945 alla morte è membro del partito comunista francese.

85. *Composizione*, 1918
olio su tela, 146 × 114 cm
firmato e datato in basso a destra: "F. Léger / 18"
Donato nel 1927 dall'autore al Museo di Stato di arte moderna occidentale; nel 1948 acquisito dal Museo Puškin (inv. 3459)

Pagine scelte sull'impressionismo e i suoi sviluppi

a cura di Paolo Biscottini e Stefano Zuffi

L'intenzione di dotare il catalogo della mostra di Palazzo Reale di un testo che trattasse della straordinaria fortuna dell'impressionismo e delle mostre ad esso ispirate ha suggerito l'idea di cercare, tra le parole degli studiosi e in molti casi degli artisti stessi, il filo conduttore del percorso tracciato da i due grandi collezionisti moscoviti Šukin e Morozov e riferito alla stagione pittorica francese compresa fra la prima mostra impressionista del 1874 e la prima guerra mondiale.
Nelle pagine scelte è possibile rintracciare il senso della presenza dei pittori e di alcune delle opere comprese in questa mostra, riannodando la trama di una vicenda storica e artistica di eccezionale intensità. La fama e il fascino delle personalità dei singoli protagonisti di quell'epoca trovano perfetta rispondenza nel vivo di uno sviluppo comune, intessuto di confronti, dialoghi, proposte, paralleli, scambi reciproci. La vivacità dell'ambiente parigino nei decenni a cavallo fra i due secoli (interpretata con puntuale intelligenza dai due collezionisti moscoviti) viene restituita dalla presenza in mostra di opere di ben 33 artisti diversi, ciascuno portatore di una sua peculiare nota poetica, ma tutti partecipi di un vasto, disteso accordo corale. L'antologia delle pagine scelte si rivela uno strumento di complemento al catalogo, utile tanto al lettore quanto al visitatore della mostra, della quale recupera l'omogeneità e l'unità d'intenti proprie del periodo, evitandone la frammentazione in una rassegna di opere distinte. Del resto uno dei valori della mostra di Palazzo Reale consiste appunto in questa pluralità di presenze, dalla qualità sempre molto alta, fra loro accostate in modo da indicare non una fredda giustapposizione, ma lo scorrere delle idee e delle emozioni artistiche. A questo criterio si riferiva nel 1987 Giovanni Testori commentando la mostra di dipinti impressionisti dalla National Gallery di Washington esposti a Brera: il brano fa da introduzione all'antologia proposta. La scelta delle pagine si apre con alcune note su Šukin e Morozov e sulle rispettive collezioni. Segue una selezione di brani sulle origini dell'Impressionismo e sui temi generali del paesaggio, del colore, del rapporto con la letteratura. Ricalcando la struttura espositiva, seguendone la traccia cronologica e stilistica, si sviluppano le citazioni dei critici e degli artisti.

Aldilà delle segnalazioni, la mostra, proprio per essere "occasionale", potrebbe favorire una lettura diversa da quella che scala le opere per autore.
Tale lettura inviterebbe a scalarle per date. Solo così facendo s'avrebbe la misura della quantità di tensioni che, in uno stesso momento, percorsero e arricchirono l'arte di Francia: tensioni spesso in lotta: o, quantomeno, in dialettica fra loro. [...] Da una simile osservazione comparata emergerebbe, nel visitatore, la certezza che un grosso errore grava sulle letture fin qui fatte sull'arte moderna; così come di quella che ci sta immediatamente alle spalle. Tale errore consiste nel credere che l'avanguardia stia da una sola parte. Mentre, essa abita, quasi sempre, su due o più fronti; fronti, a loro volta, quasi sempre opposti; e oppositivi.
(G. Testori, in "Corriere della Sera", 8 marzo 1987)

Le collezioni di Šukin e Morozov

La cosa meravigliosa, a pensarci, non è neppure che si tratti in ogni caso di grandissima pittura, spesso anche di una qualità per la quale si spende a cuor leggero l'epiteto di "capolavoro". La vera meraviglia è che tutto quel ben di dio sia stato messo insieme da due soli illuminati collezionisti, i quali, nel tempo in cui gli ultimi boiardi illustravano le cronache della Belle Epoque con mondane stravaganze e si dissanguavano ai tavoli di Montecarlo e Baden Baden, erano due membri del Terzo Stato, due borghesi.
Sergej Šukin e Ivan Morozov, entrambi moscoviti, appartenevano a famiglie che s'erano arricchite e continuavano ad arricchirsi con il commercio.
A Parigi erano di casa non meno degli aristocratici spendaccioni, ma le loro frequentazioni erano diverse: il naso fino e il gusto spregiudicato li portavano di mostra in mostra, di bottega in bottega, fin negli studi degli artisti che li affascinavano per la loro audacia e novità. Spesso li si vedeva insieme, da buoni amici che non si fanno concorrenza, da Vollard o da Durand-Ruel e più tardi da Kahnweiler: mercanti dai quali approdavano, per comprare, dopo aver visitato tutto il visitabile, a cominciare dai Salons e dai grandi musei.
(F. Dentice, in "L'Espresso", 2 agosto 1987)

Con straordinario fiuto Šukin sapeva individuare e acquistare le tele che sarebbero state riconosciute, nel giro di qualche anno, come capolavori. Matisse e Picasso furono suoi amici personali e le loro opere formano oggi il nucleo centrale della collezione, con 37 quadri del primo e 50 del secondo, tutti di altissimo livello. E poi Van Gogh e Rousseau il Doganiere, Cézanne e Gauguin, per non parlare di Clau-

Pierre-Auguste Renoir, *Monet dipinge nel giardino di Argenteuil*, 1873. Ad Argenteuil, dopo la guerra del 1870, si erano stabiliti Monet e Sisley

Renoir in una foto di studio del 1885

L'ala dello Château des Brouillards in cui era situato l'appartamento di Renoir attorno al 1890

de Monet. La prima opera impressionista entrata in Russia fu proprio *Lillà nel sole*, che Šukin acquistò direttamente da Monet. L'amicizia e la stima reciproca tra Matisse e Šukin erano così forti e sincere che il pittore accettò senza indugi di recarsi a Mosca nel 1911, per sistemare di persona le tele nel palazzo dell'amico, collocandole in un certo salotto rosa che Šukin stesso definiva con appassionato lirismo "il mio giardino profumato".
(M.S. Bodino, in "Epoca", 26 agosto 1983)

Negli anni in cui operava Šukin collezionare impressionisti era pur sempre un fatto di avanguardia, ma il gusto sicuro del mercante moscovita si rivelò soprattutto nella scelta di Matisse e di Picasso. [...] Pare sia stato proprio Matisse a segnalare a Šukin l'eccezionale talento del giovane Picasso, impegnato in quegli anni nell'avventura cubista. Il pittore maggiormente rappresentato nella raccolta Morozov era invece Cézanne, con ben 18 quadri. C'erano poi 6 Renoir, 5 Sisley, 5 Van Gogh e ben 11 Gauguin. Tra i giovani, anche Morozov apprezzava Matisse, di cui possedeva 10 tele, ma forse preferiva Maurice Denis, cui commissionò una serie di pannelli con le storie di Amore e Psiche, e Bonnard, dal quale si fece dipingere due grandi tele per l'ingresso della sua abitazione. Contrariamente alla villa di Šukin, il palazzo settecentesco in cui viveva Morozov era accessibile solo a una stretta cerchia di intenditori e di artisti.
(A. Pinelli, "Il Messaggero", 6 maggio 1985)

La fantastica, incalzante gara, di cultura quanto di prestigio, fra i due collezionisti (che è anche storia dell'epoca d'oro del mercato parigino: la "successione" da Durand-Ruel a Vollard, il mercante di Gauguin, a Druet, ai Bernheim-Jeune con i loro Matisse, al Kahnweiler di Picasso) si traduce per gli occhi e per la mente dei visitatori in una serie di capoversi altissimi di una storia delle fonti del contemporaneo, che valgono ben più di pagine e pagine di saggi e studi. [...] A questo punto, la "missione" dei due collezionisti è compiuta: i rapporti di Šukin con Matisse e di Morozov con Bonnard non sono più mediati dai mercanti parigini, e nelle loro sale moscovite Larionov, la Gončarova, Tatlin, Malevič "imparano" l'avanguardia e le sue radici.
(M. Rosci, in "La Stampa", 19 agosto 1987)

Alla splendida collezione di Gauguin di Šukin, Morozov oppose la sua, forse meno omogenea, ma qualitativamente non meno preziosa. Non per nulla il fondatore del Museo di arte contemporanea di New York, Alfred Barr, che conosceva a fondo le gallerie di Šukin e di Morozov, diede la preferenza ai Gauguin di quest'ultima. I Gauguin di Morozov si differenziano, è noto, per la base lineare accentuata, per la maggiore tramezzatura e per la qualità del colore simile a smalto. L'artista francese era un estimatore dei suoi predecessori del medioevo, di quegli artisti senza nome che possedevano l'arte della perfetta unità di stile, pur lavorando con i materiali più diversi: smalto, arazzi, avorio o legno. Ivan Morozov era uomo di formazione europea, e conosceva bene le tradizioni del realismo pittorico europeo. Ma, senza nulla togliere ai riferimenti culturali allogeni che agivano su di lui, crediamo che nelle sue scelte abbiano influito anche i riferimenti alle antiche icone russe e all'arte popolare, così evidenti in queste tele di Gauguin. In altri termini, Ivan acquistò le tele di gauguin non perché volesse circondarsi di decorazioni preziose, come spesso accade con i collezionsiti a lui posteriori, ma piuttosto perché questi quadri corrispondevano alle sue inclinazioni e dunque lo avvicinavano alla sensibilità del loro autore.
(A. Kostenevič, *Gauguin e il collezionismo russo*, in *Gauguin e l'avanguardia russa* [Ferrara, 1995], Firenze 1995)

Dopo la Rivoluzione d'Ottobre le ricche collezioni di Šukin e Morozov furono nazionalizzate e le loro gallerie aperte al grosso pubblico. In un primo tempo la galleria di Sergei Šukin fu denominata "I Museo di pittura occidentale moderna" e rimase nella propria sede. La raccolta di Morozov prese il nome di "II Museo di pittura occidentale moderna". Nel 1923 entrambe le gallerie furono riunite, sotto il profilo organizzativo, in un unico Museo statale di arte occidentale moderna, pur mantenendo la precedente sede territoriale, e diventando la sezione prima e la sezione seconda del museo. Nel 1928 avvenne la sistemazione definitiva del Museo statale di arte occidentale moderna in un'unica sede, una palazzina di Mosca. Negli anni che vanno dal 1923 al 1930 si realizzò la riorganizzazione dei musei d'arte di Mosca e Leningrado, in relazione alla necessità di una nuova impostazione storico-scientifica delle testimonianze della cultura e dell'arte. In quel tempo, l'Ermitage era totalmente privo di testimonianze dell'arte della seconda metà del XIX secolo e dell'inizio del XX, mentre il Museo di arti figurative A.S. Puškin di Mosca aveva urgente necessità, per il completamento delle proprie collezioni, di opere pittoriche di antichi maestri. [...] Nel 1948 la raccolta del Museo di arte occidentale moderna fu definitivamente divisa.
(A.G. Barskaja, M.A. Bessonova, in *Capolavori impressionisti e postimpressionisti dai musei sovietici* [Lugano, 1983], Milano 1983)

Pierre-Auguste Renoir, *Ritratto di Paul Durand-Ruel*, 1910. Durand-Ruel fu il gallerista e mercante che più diffuse le opere degli impressionisti

Edgar Degas in una foto del 1876 circa

Degas (a destra, nel vano del portone) s'immerge nella vita dei boulevards parigini con l'attrice Réjane (foto Giuseppe Primoli, 1889)

I luoghi e le origini dell'impressionismo

Il luogo migliore per studiare gli impressionisti era, naturalmente, la galleria di Durand-Ruel, il quale nel 1871 aveva accumulato un buon numero di tele e che si era quasi ridotto al fallimento a causa della generale indifferenza verso questi pittori. I visitatori che dimostravano genuino interesse erano considerati i benvenuti, anche se non erano dei compratori; avevano il permesso di trascorrere ore ed ore davanti alle tele esposte, assistiti da un commesso dalle riserve apprentemente inesauribili. In verità, ci voleva del coraggio per comperare i quadri impressionisti, così come tesserne le lodi sulla stampa, perché ciò significava nello stesso tempo denunciare l'insipienza dei maestri ufficiali.
(J. Rewald, *Storia dell'Impressionismo*, 1949)

È di comune conoscenza che l'impressionismo si identifica con l'attività svolta nel giro di pochi anni – all'incirca dal 1865 all'80 – e in sostanziale accordo di intenti e di risultati da Monet, Renoir, Pissarro, Sisley. La visione impressionistica finì tuttavia col toccare Edouard Manet, che già con le sue antiaccademiche immagini di vita moderna aveva aperto la via ai pittori nuovi; stimolò per più di un aspetto il solitario Degas e, soprattutto per suo tramite, Toulouse-Lautrec; condizionò inoltre in vario modo l'opera matura di Cézanne e quella tarda di Renoir, nonché la formazione di artisti giunti poi a esiti tanto diversi quali i postimpressionisti Seurat, Gauguin, Van Gogh. È pure ampiamente nota l'incomprensione a lungo dimostrata nei confronti degli impressionisti, con gravi conseguenze di ordine pratico, dalla critica ufficiale e dal pubblico borghese da essa guidato. Tale incomprensione, motivata essenzialmente

dalla novità del linguaggio pittorico e non già da atteggiamenti di anticonformismo sociale in verità inesistenti, doveva in seguito esser riscattata da sempre più diffusi consensi; tanto che quegli stessi pittori, dapprima trascurati o vilipesi, appartengono al novero degli artisti di tutti i tempi più universalmente amati.
(G. A. Dell'Acqua, *Gli impressionisti e la cultura italiana*, in *Da Manet a Toulouse-Lautrec*, Milano 1987)

Tutto il romanticismo era stato percorso dalla febbre del viaggio, dello spaesamento. Il realismo invece era sedentario: c'era tanto da vedere intorno, e quello che accade più vicino a noi, entro il quale noi siamo, significa "la nostra vita". Chi intendeva questo poteva essere il vero "peintre de la vie moderne" preconizzato da Baudelaire. Naturalmente, gli impressionisti, prima ancora di chiamarsi impressionisti, imboccarono subito quella strada e si accorsero anche, molto presto, che ricerca della natura equivaleva a ricerca della vita e che ricerca della vita equivaleva a ricerca della contemporaneità.
(G. Briganti, in "la Repubblica", 16 aprile 1987)

La linea lungo la quale avviene tutto il cambiamento si svolge attraverso un processo che porta anzitutto dalla pittura di storia alla pittura della vita mondana, per cui vengono riconosciute uguale dignità ed eguale bellezza ad una donna libera, cortigiana o di mondo, che si riposa lungo le rive della Senna o si mostra nuda nel suo letto, avendo solo intorno al collo un piccolo nastro di velluto nero da cui pende una perla non più luminosa della pelle su cui si adagia, e una dea addormentata nella foresta, ad una corsa di cavalli e a una battaglia, a un pic-nic sull'erba e a un "giudizio di Paride". E in un secondo

tempo porta dalla figura alla natura, per cui ugual valore hanno una fanciulla con l'ombrellino e un campo di papaveri, un giovane elegante e le fronde del bosco nel quale passeggia, una ballerina rosa e gli alberi bianchi dalla neve appena caduta.
(R. Tassi, in "la Repubblica", 5 marzo 1994)

In effetti, l'impressionismo è stato una delle non rare, ma neppur frequentissime giovinezze, o, che è dir meglio, adolescenze, della storia dell'arte; e del mondo. Ciò che lo definisce, nella sua assoluta libertà e nella sua impossibilità a lasciarsi imbrigliare e, appunto, definire, è proprio la capacità di guardare il reale, soprattutto la natura, come se fosse la prima volta che l'uomo apre, su di lui e su di lei, i suoi occhi. Ed è vero che, dietro, opera quella lunga serie d'azioni d'approccio cui abbiamo accennato, ma resta indicibile, e, nel profondo, inesplicabile, il coesistere di una coscienza culturale così stratificata e tributaria con un'innocenza così sgombra, così sconfinata e totalizzante.
(G. Testori, in "Corriere della Sera", 13 aprile 1985)

Quello delle ombre dovette essere un argomento di frequente discussione al Café Guerbois; costituiva infatti, per i pittori, uno dei nodi centrali. Manet amava sostenere che per lui "la luce si presentava con una tale uniformità che un tono solo bastava a renderla, e che era preferibile, a costo di sembrare grossolani, passare bruscamente dalla luce all'ombra piuttosto di accumulare cose che l'occhio non vede e che non solo attenuano la forza della luce ma indeboliscono l'impianto cromatico delle ombre, che è importante valorizzare". Ma quelli tra i colleghi di Manet che avevano già lavorato "en plein air", cioè tutti i paesaggisti del gruppo,

sollevarono certo obiezioni contro questa spartizione del soggetto in zone di luce e ombra. Ben altro era l'insegnamento che avevano tratto dall'esperienza della natura. A poco a poco essi abbandonarono la convenzione di suggerire la terza dimensione scurendo il cosiddetto colore locale degli oggetti, man mano che questi si allontanano dalla fonte di luce e affondano nell'ombra. Dalla verifica diretta avevano imparato che le parti in ombra non sono prive di colore né semplicemente più scure del resto: essendo meno imbevute di luce, certo non hanno la stessa valenza cromatica di quelle esposte al sole, ma sono altrettanto ricche di colori, tra cui dominano i complementari e soprattutto il blu.

(J. Rewald, *Il post-impressionismo*, Firenze 1967)

E poi ci sono "le rocce di Belle-Ile" [di Monet], dove la furia marina, pur rimanendo riconoscibile e leggibile, non per questo manca di esprimere agitazione e dinamismo, in una ridda di minuti vortici spumosi. E infine, una delle "fasi" dedicate alla cattedrale di Rouen, o meglio al processo di acidazione che le sue pietre subiscono ad opera della luce e degli agenti atmosferici: come vederle immerse in un liquido corrosivo che le intacca. Al "cupio dissolvi" di Monet fa eco quello di Renoir, benché di natura assai diversa: morbido, sontuoso e del resto trattenuto, "fermato" dall'obbligo di dover rispettare la figura umana, la misura del ritratto, cui invece l'altro capofila dell'impressionismo era del tutto insensibile.

(R. Barilli, in "Corriere della Sera", 9 agosto 1987)

Gli artisti

Farò forse gridare un po' i nemici del blu e del rosa, per via di questo splendore,

questa luce fantastica che mi applico a rendere; e quelli che non hanno visto questo paese o che l'hanno visto male grideranno, ne sono sicuro, all'inverosimiglianza, sebbene io sia molto al di sotto del tono; tutto è colore cangiante e fiammeggiante; e ogni giorno la campagna è più bella, e io sono incantato del paese.

(C. Monet, lettera a Durand-Ruel da Bordighera, 11 marzo 1884)

In una lettera del 5 aprile 1893 da Rouen, proprio mentre stava dipingendo la cattedrale, Monet aveva scritto alla moglie: "Tout change, quoique pierre" (tutto cambia, anche la pietra). In queste quattro parole Monet si rivela, ci dà un emblema della sua pittura; la cui essenza e il cui fine è di dipingere il tempo nella sua azione che trasforma la natura, e anche la pietra; avendo scoperto che la natura e il tempo coincidono. E proprio le Cattedrali sono la "serie", il gruppo di opere in cui, più che altrove e in modo più completo, il suo impressionismo si interiorizza, va al di là di se stesso. Quando Monet, decidendo di dipingere una cattedrale e dipingendola in quel modo, unisce architettura e natura, storia e meteorologia, tempo depositato e tempo fuggitivo, fondazione di metafisica e movimenti della luce, crea una profondità oltre l'impressionismo, o un impressionismo di profondità, diverso da quello delle altre "serie".

(R. Tassi, in "la Repubblica", 13 novembre 1994)

La crisi dell'immagine positiva, aperta, entusiasta, la crisi del rapporto con il mondo e lo spazio circostante, che non è nel primo tempo della ricerca impressionista, viene dall'interno, da Monet e da Cézanne. Il primo porta all'estremo il disfarsi dello spazio secentesco olandese, il secondo invece distrugge l'ultimo mito,

quello del mondo classico rinascimentale italiano.

(A.C. Quintavalle, in "Panorama", 5 aprile 1987)

Dal 1864 in avanti non v'è quadro in cui Renoir, pur negli inevitabili incontri e rapporti, non cresca su se stesso. Ora, per lui, la crescita è libertà, mai fissazione (come invece gli accadrà di fare, irretendosi senza vie d'uscita, dopo quel fatidico inciampo): libertà di partecipare e restituire gli atti di vita e di natura, in una forma d'impercettibile, infinitesimale frantumazione-ricostruzione continua, dentro il continuo variar della luce, di ciò che è la realtà, non solo otticamente ma anche sentimentalmente visibile. Di questo straordinario processo, dove la meteorologia dell'aria e quella per dir così del cuore e della psiche si fondono, magari proprio perché sottilmente s'irritano e leticano, Renoir è riuscito a trovare persino il correlativo cromatico. Un correlativo che, fra mezzo a tanta gioia e a tanta felicità, non poteva non essere ritratto d'una sorta d'esitante, lievissima tristezza: se, per l'appunto, ad esso era demandato l'ufficio di sostenere il crescere e l'espandersi di così grande gloria. Ora, tale correlativo è il grigio che noi intravediamo nelle perle quando in loro s'avvia il processo di consunzione. Un grigio pacato: un grigio che fa da sotterraneo pedale, da sotterraneo e quasi impercettibile impalcatura-lamento, all'esplosione di fascinazione e di bellezza del cromatismo: e persino del suo memorabile vaporar in superfici che sono quasi di pura e impalpabile aria.

(G. Testori, in "Corriere della Sera", 5 marzo 1985)

Un dipinto è prima di tutto un prodotto dell'immaginazione dell'artista, che non deve mai essere una copia. Se, in seguito,

Cézanne con gli strumenti del mestiere sulle spalle per una seduta di pittura "en plein air". Auvers, 1874 circa

Cézanne in posa nel suo atelier di Aix, davanti alle *Grandi bagnanti*, per il fotografo Emile Bernard, 1904

può aggiungere due o tre tocchi di natura, evidentemente non fa male. L'aria che si vede nei quadri dei maestri non è un'aria respirabile. [...] Escludere molto: di una ballerina fare le braccia o le gambe, o le reni, fare le scarpette, le mani della pettinatrice, la pettinatura tagliuzzata, piedi nudi in atto di danzare ecc. Un dipinto richiede un certo mistero, un che di vago, di fantastico: quando si mettono sempre i puntini sulle "i", si finisce per annoiare.
(E. Degas, note varie sulla pittura)

Tra le tante definizioni che sono state date di Degas, una delle più calzanti mi pare quella di Huysmans. Dice: artista potente e risoluto, senza predecenti verificati, senza discendenza che valga. Fu scritta nel 1889. Degas aveva cinquantacinque anni e incominciava la sua ultima fase. Conclusasi, circa trent'anni dopo, con la cecità e la morte, ma, almeno per due decenni, ancora straordinariamente feconda. Soprattutto (e Huysmans non poteva certo prevederlo) più che mai precorritrice di quella che viene detta arte moderna. Nata, come si sa, dalla crisi della visione tradizionale, statica del mondo, e dalla progressiva consapevolezza di una natura in perpetuo movimento, che percepiamo in modo relativo e illusorio. Di questo travaglio e trapasso Degas fu uno dei maggior interpreti.
(F. Vincitorio, in "La Stampa", 11 marzo 1988)

Noi biasimiamo i colori puri giustapposti l'uno all'altro senza mescolarli. In questo riusciamo facilmente vincitori, con il potente aiuto della natura che non procede in modo diverso. Un verde accanto a un rosso non dà un bruno rosso, come risulterebbe dalla mescolanza dei due colori, ma due note vibranti. Di fianco a questo rosso mettiamo giallo cromo e avremo tre note che si arricchiscono l'una con

l'altra e aumentano l'intensità del primo tono, cioè del verde. Se, al posto del giallo, mettiamo un azzurro, ritroveremo tre toni diversi, ma vibranti gli uni grazie agli altri. Al posto dell'azzurro mettiamo un violetto, e ricadremo in un tono unico, ma composto, che entra nei rossi. Le combinazioni solo illimitate: la mescolanza di colori dà un tono sporco; un colore solo è crudo e non esiste in natura. Essi esistono soltanto in un arcobaleno, ma la natura nella sua ricchezza ha avuto cura di mostrarceli gli uni accanto agli altri, in un ordine voluto e immutabile, come se ogni colore nascesse dall'altro. Ora, noi abbiamo mezzi inferiori a quelli di cui dispone la natura e ci condanniamo a privarci di tutti quelli che essa mette fra le nostre mani. Avremo forse tanta luce quanto la natura, tanto calore quanto il sole? Si è parlato di esagerazione, ma come è possibile essere esagerati, dato che si resta al di sotto della natura?
(P. Gauguin, note sintetiche, circa 1890)

Se gliene capita l'occasione, esamini la pittura di Van Gogh prima e dopo il mio soggiorno con lui ad Arles. Van Gogh, influenzato dalle ricerche neo-impressioniste, procedeva sempre per grandi opposizioni di toni, su un complementare giallo, sul violetto ecc., mentre dopo, secondo i miei consigli e il mio insegnamento, procedette in modo del tutto diverso. Dipinse dei soli gialli su fondo giallo ecc., imparò l'orchestrazione di un tono puro mediante tutti i derivati di quel tono. Poi nel paesaggio tutto quel bagaglio abituale di natura morta, necessità di un tempo, fu sostituito da grandi accordi di colori compatti che ricordano l'armonia totale: interesse secondario, di conseguenza, alla parte letteraria, o se si vuole esplicativa. Il suo disegno di necessità si modifica di conseguenza: certo, è una questione di mestiere, ma comunque

mestiere necessario. Ma poiché tutto ciò richiedeva in lui ricerche in accordo con la sua intelligenza e il suo temperamento focoso, la sua originalità e la sua personalità non fecero che avvantaggiarsene. Tutto questo sia detto tra noi, per segnalarvi che non voglio togliere niente a Van Gogh pur riservandomi la mia piccolissima parte: e anche per segnalarle che il critico ha tutto da vedere e che deve capire che è soggetto a sbagliare pur essendo in ottima fede.
(P. Gauguin, lettera ad André Fontanais, settembre 1902)

Trovo che ciò che ho appreso a Parigi se ne va, e che io ritorno alle idee che mi erano venute in campagna, prima di conoscere gli impressionisti. Non mi stupirei se fra poco gli impressionisti trovassero da ridire sul mio modo di lavorare che, più che dalle loro idee, è stato fecondato da quelle di Delacroix. Infatti, anziché cercare di rendere con esattezza ciò che ho sotto gli occhi, mi servo del colore nel modo più arbitrario, per esprimermi con maggior forza. Ma lasciamo tutto questo da parte, in quanto a teoria; e ti darò un esempio di ciò che intendo dire. Vorrei fare il ritratto di un amico artista, che sogna sogni grandiosi, che lavora come l'usignolo canta, perché così è la sua natura. È biondo: e io vorrei mettere nel quadro l'ammirazione, l'affetto che sento per lui. Lo dipingerò dunque tale e quale, il più fedelmente possibile, per cominciare. Ma così il quadro non è finito: per finirlo dovrò diventare, adesso, un colorista arbitrario. Esagero il biondo della capigliatura e arrivo ai toni arancione, ai cromi, al limone pallido. Dietro la testa, anziché dipingere il muro banale del misero appartamento, dipingo l'infinito, faccio uno sfondo semplice del turchino più intenso, più violento che posso fabbricare, e con questa semplice combinazione la

Angolo dell'atelier di Cézanne
a Aix, con guardaroba e oggetti
per nature morte, 1930 circa

Il cabaret aperto in boulevard
Rochechouart 84 da Aristide
Bruant. Il locale sarà
frequentato assiduamente
da Toulouse-Lautrec

Cézanne (al centro) con Camille
Pissarro (a destra). Auvers,
1874 circa

Toulouse-Lautrec con una
modella davanti al dipinto
Au salon de la rue des Moulins

Una foto impietosa, scattata
attorno al 1890, ci mostra
l'infelice aspetto di Toulouse-
Lautrec

Henri de Toulouse-Lautrec, *Caricatura del critico d'arte Felix Fénéon*, 1895-1896, da questi donata a John Rewald, uno dei massimi studiosi dell'impressionismo

Henri Matisse, *Autoritratto*, 1906

Henri Matisse, *André Derain*, 1905

testa bionda illluminata sullo sfondo turchino ottiene un effetto misterioso, come una stella nel profondo azzurro.
(V. Van Gogh, lettera al fratello Theo, agosto 1888)

La ferita che Van Gogh ha inferto alla lunghissima sicumera della storia dell'arte risulta troppo profonda per poter continuare. La pittura, e con la pittura tutta l'arte, rivela, subito, la sua natura di vizio; un vizio che coi margini sacri, slabbrati e sanguinanti di quella ferita ha ben poco a che fare e che, comunque, guai a sé (e a noi) ove mai arrivasse a presumere di poterli chiudere servendosi delle sue per certo esistenti e inenarrabili meraviglie! Forse, dovendoci congedare con Van Gogh, questo è quanto di meno indegno possiamo balbettare; e, di conserva, scrivere. Il resto, appunto, è inutile, equivoco: o giusto silenzio.
(G. Testori, in "Corriere della Sera", 18 luglio 1984)

In fondo, se Rousseau ha insistito tanto nelle raffigurazioni esotiche è anche perché le conquiste coloniali del tempo inducevano i francesi a cullarsi in fantasie di evasione. A livello popolare Rousseau risponde a un bisogno di tutta l'epoca e che si è già rivelato in Delacroix, in Flaubert, in Baudelaire, si sta rivelando in Gauguin, si manifesterà ancora nelle odalische marocchine di Matisse. Quello che distingue Rousseau è che l'esotismo non lo induce a particolari inflessioni di linguaggio o di stile, ma si sviluppa come facoltà eccezionale di individuare un'immagine che ha origine nell'inconscio collettivo (espressione che Jung ha usato per Picasso, ma che per Rousseau ha un'accezione, se meno ampia, forse più precisa). È per questo che i quadri di Rousseau sono immagini di purezza eccezionale.
(C. Lonzi, *Rousseau*, Milano 1966)

Altre ragioni, più sottili e complesse, derivano dalla qualità del rapporto che legò Pissarro all'impressionismo. Malgrado la sua partecipazione senza riserve alle vicende del movimento e l'estrema devozione che lo portò, fino al 1886, a cercare con ogni mezzo di mantenere la difficile unità del gruppo, la sua pittura non giunse mai a contraddire o a rifiutare le premesse su cui si era formata. I legami profondi di Pissarro con le premesse dell'impressionismo pongono infatti un problema sottile e complesso. Pur accettandole, Pissarro non cessò di considerare essenziale una lavorazione lenta e meditata dell'opera.
(L. Malvano, *Pissarro*, Milano 1965)

Cézanne capì che dall'impressionismo poteva e doveva nascere un nuovo classicismo, non più fondato sull'imitazione scolastica degli antichi ma rivolto a formare una nuova, concreta immagine del mondo: e che questa, però, non doveva più essere cercata nella realtà esterna, ma nella coscienza.[...] Perciò Cézanne non potrà mai fare a meno della sensazione visiva (quella che chiamava "ma petite sensation"), non porrà mai il minimo tocco sulla tela se non al cospetto del vero: né mai si proporrà di astrarre, ma sempre e soltanto di "realizzare". Il suo sforzo è tutto rivolto a conservare viva la sensazione nel corso di un processo analitico, di ricerca strutturale che sicuramente è un processo del pensiero; e non soltanto nel corso del processo la sensazione si conserva, ma si precisa, si organizza, rivela tutta la coerenza e la complessità della sua struttura. L'operazione pittorica non riproduce, produce la sensazione: non come dato, per una successiva riflessione, ma come pensiero, coscienza in atto.
(G.C. Argan, *L'arte moderna 1770/1970*, Firenze 1970)

Le varie proposte di linguaggio, le formule "sintetiste" come l'arabesco funzionale – e non dimentichiamo il divisionismo cromatico di Seurat, attentamente studiato –, erano interpretate da Vuillard non come sperimentalismi formali fini a se stessi, in chiave di aggiornamento intellettuale o di sigla simbolista, ma come mezzi per raggiungere una più pungente e integrale raffigurazione della realtà. Un vero da cogliere in tutte le sue sfumature e sottigliezze di complessità materiale e psicologica: la cosa vista deve immediatamente essere il sentimento da essa suscitato, farsi immagine densa di tutti i suoi diversi echi spirituali. Ecco dunque che l'esercitazione formale non si applica a temi di fantasia, a motivi allegorici, ma si elabora nel racconto, nel rendiconto minuzioso della più umile vita quotidiana. Il mistero, le "voci segrete", sono inseguiti e catturati, attraverso le più raffinate e capziose "astrazioni" linguistiche, entro la trama degli aspetti semplici della scena familiare.
(F. Russoli,*Vuillard*, Milano 1966)

Quando io e i miei amici volemmo proseguire le ricerche degli impressionisti e tentare di svilupparle, cercammo di sopravvanzarle per quel che concerne l'impressione naturalistica del colore. L'arte non è la natura. Inoltre noi fummo più severi riguardo alla composizione. C'era anche da cavare molto di più dal colore come mezzo di espressione. Ma il cammino del progresso si fece precipitoso. La società era pronta ad accogliere il cubismo e surrealismo, prima che noi avessimo raggiunto ciò che avevamo intravisto come nostro scopo. Così ci siamo trovati come sospesi nel vuoto.
(P. Bonnard, 1937)

E basti ricordare alcune frasi di Bonnard, così avaro di parole, così lontano da teo-

rie e dichiarazioni di poetica, come "l'inverosimile è molto spesso la verità stessa", oppure "all'inizio, una visione commossa, istantanea. Dopo, studio del modello – o memoria: tutto deve convergere in essa, nutrirla". La visione naturale è nutrita appunto di "storia": assorbe e riflette l'intera esperienza umana dell'artista, la sua vita che non ha presente senza passato e senza ipotesi e sogni di futuro. Ed è questo esistenziale intimismo che rende tanto attuale la poesia di Bonnard, che ha sempre cercato la verità nel relativo, nel fenomenico, nella ricerca stessa, lontano da ogni teoria o astrazione decorativa, come da ogni verismo canonico. Questa conquista del vero nell'apparente, questa integrale immanenza, è la sua grandezza di pittore: il superamento e la fusione del naturalismo impressionista e dell'antinaturalismo simbolista in un nuovo linguaggio realista sono il suo titolo di gloria.
(F. Russoli, *Bonnard*, Milano 1966)

Venti anni almeno di pittura francese, nelle sue condizioni più vivamente nodali, si accompagnano al nome di Derain. È una storia densa, la sua, densa di strati polemici, di dubbi acri e di lucide illuminazioni, talmente rappresentativi e se vogliamo tipici da essere a buon diritto considerati come la trascrizione individuale, personalizzata all'estremo, di congiunture più vaste, e da loro parte contraddittorie, di tutta la cultura figurativa di punta. La sua vocazione, che parrà singolare ma solo di primo acchito, è di incarnare le tensioni più vivaci e più libere della cosiddetta avanguardia, conservando nel medesimo tempo (o addirittura preservando) i valori della solida tradizione nazionale figurativa.
(M. Carrà, *Derain*, Milano 1966)

Questa naturale tendenza a divagare,

l'apparente facilità con cui essa si realizza e si snoda nell'ordito dell'opera, adombra il pericolo nascosto dell'arte di Dufy: il timore, cioè, di staccarsi troppo da terra per assecondare un ritmo decorativo a sé stante, elegante ed astratto come un arabesco sonoro, ma privo di linfe e di umori che si nutrano mediante il ricambio continuo delle immagini nella realtà emotiva della vita. E per ottenere questo ricambio si attua nell'artista quel lavoro interno, quella sintesi di visioni nuove e di diversa natura, quegli esperimenti d'arte applicata ch'egli affronta per illimpidire il suo linguaggio pittorico. Esso si alimenta così di nuovi apporti gelosamente celati sotto l'incantevole paravento dell'eleganza, che nella sua opera appare naturale e immediata come un gioco.
(G. Perocco, *Dufy*, Milano 1965)

Per temperamento, Vlaminck non sente Proust alle spalle, né l'alto livello della borghesia più civile: Matisse è così diverso da lui; né vive l'apparente "modestia" d'un Bonnard, d'un Vuillard, non è come loro un sottile tessitore di sensazioni; non è neppure un logico come Derain. Lui deve cercare altrove, e a suo modo, una via verso la grande tradizione realista del paesaggio. Non ha "revivals" gotici o arcaici; ritorno all'ordine per lui non vuol dire museo, ma ancora e soltanto un colloquio disteso, a fondo, con la natura.
(M. Carrà, *Vlaminck*, Milano 1966)

È superfluo ricordare l'influenza di Cézanne sulla poetica cubista, ma giova fare presente che pochi come Braque hanno sviluppato la sua lezione in maniera tanto indipendente e consapevole, proprio riprendendone i motivi dall'interno e istituendo una compagine strutturata, che si fonda su una dinamica spaziale in quei motivi impliciti più di quanto non ne ma-

nifestassero gli aspetti correnti. Picasso si era proposto di "dipingere le cose come si conoscono, piuttosto che come si vedono". Braque constata "le cose in sé non esistono affatto. Esistono esclusivamente per nostro tramite…Non si deve solo voler riprodurre le cose. Si deve penetrare in esse, diventare noi stessi la cosa".
(U. Apollonio, *Braque*, Milano 1965)

Nel 1904 Picasso conosce, quasi simultaneamente, due donne decisive: Madeleine e Fernande, e prima s'innamora di Madeleine, che immortala nei due quadri *Desnudo sentado* e *Desnudo con las piernas cruzadas*. Madeleine rimane incinta, ma l'artista vede frustrata da un aborto le sue speranze di paternità. La delusione è enorme. Da qui nasce quello che Barr definisce "Circus Period", con protagonisti gli arcinoti Alecchini e saltimbanchi. Picasso, insomma, crea uno scenario fittizio in cui acrobati ed equilibristi, che vide spesso all'opera nel circo Medrano a Parigi e che nella tradizione letteraria e pittorica del Romanticismo simboleggiavano la sofferenza umana, interpretano nella loro quotidianità l'isolamento e l'incomunicabilità. E la tematica della maternità, dei figli, della paternità, della famiglia rimarranno centrali. In questa chiave, Picasso è davvero struggente.
(G.A. Orighi, in "La Stampa", 2 marzo 1992)

L'astrazione di Picasso è sempre un'avventura, aperta com'è alle contaminazioni – e agli arbitri – del caso; quella di Matisse si avvicina all'equazione, ne ha la stessa forza di calcolabilità, di risultato previsto. "Il faut faire tout ce qu'on peut, ne rien laisser au hazard", ha detto Matisse. Se Cézanne ha riscoperto che le forme si modellano sulla sfera, il cono e il cilindro, Matisse si ricorda con eccessiva